Diogenes Deluxe

Friedrich Dürrenmatt über Geld und Geist, Politik und Philosophie, Literatur und Kunst, Gerechtigkeit und Recht. Mit Ausschnitten aus seinem weitgespannten Werk.

Wer mit dem Visionär und Weltautor Friedrich Dürrenmatt denken und sich mit seinen oft Kapriolen schlagenden Gedankengängen in geraffter Form auseinandersetzen möchte, der kann mit diesem kleinen Band beginnen. Ein Begleiter der besonderen Art, kritisch, witzig, widerspruchsfreudig, voller Neugier und Einfallsreichtum.

FRIEDRICH DÜRRENMATT wurde 1921 in Konolfingen bei Bern als Sohn eines Pfarrers geboren. Er studierte Philosophie in Bern und Zürich und lebte als Dramatiker, Erzähler, Essayist, Zeichner und Maler in Neuchâtel. Bekannt wurde er mit seinen Kriminalromanen und Erzählungen *Der Richter und sein Henker, Der Verdacht, Die Panne* und *Das Versprechen,* weltberühmt mit den Komödien *Der Besuch der alten Dame* und *Die Physiker.* Den Abschluss seines umfassenden Werks schuf er mit den *Stoffen,* worin er Autobiographisches mit Essayistischem verband. Friedrich Dürrenmatt starb 1990 in Neuchâtel.

Friedrich Dürrenmatt
Gedankenschlosser
Über Gott und die Welt

Mit Ausschnitten aus
seinem weitgespannten Werk

Diogenes

Veröffentlicht als Diogenes Deluxe, 2020
Alle Rechte vorbehalten
Copyright © 2020
Diogenes Verlag AG Zürich
www.diogenes.ch
50/20/4/1
ISBN 978 3 257 26158 5

Es gibt in der deutschen Sprache die zwei Ausdrücke ›sich ein Bild machen‹ und ›im Bilde sein‹. Wir sind nie ›im Bilde‹ über diese Welt, wenn wir uns von ihr kein Bild machen. Dieses Machen ist ein schöpferischer Akt.   (32/68)

Ich will freimütig meine Gedanken äußern, nicht ganz zu Ende formuliert; ich tue es allein aus dem Grunde, weil man mich als einen Schriftsteller, einen Komödienschreiber fragt, und nicht, weil ich ihnen einen mehr als persönlichen Wert beimesse. Das ist auch ganz in Ordnung. Im Symposium ließ Plato neben Sokrates auch Aristophanes zu Wort kommen. Ich lehne es deshalb ab, als Denker aufzutreten; als Dilettant in dieser Tätigkeit kann ich mich jedoch auch unbekümmerter äußern, als wenn ich zur Zunft gehörte, und das mag manchmal auch sein Gutes haben.   (32/60)

Alltag

Wir müssen den Mut haben, zu unserer Zeit zu stehen. Nur getrost, auch sie hat ihre Helden und Raubritter, und in der Wirtschaft geht es nicht gnädiger zu als in der Schlacht im Teutoburger Walde.

Nicht Herzöge und Feldherren, sondern Geschäftsleute, kleine Krämer, Industrielle, Bankiers, Schriftsteller sind die Rollenträger unserer Zeit – noch genauer: wir alle sind es, und die Handlung, die wir durchmachen, durchstehen müssen, ist die unseres Alltags.   (16/179)

Aufklärung

Wir neigen dazu, die Aufklärung zu unterschätzen. Vielleicht weil wir von ihr ernüchtert sind oder enttäuscht oder weil wir uns in die Zeit des unangefochtenen Glaubens zurücksehnen, zurück in die Nestwärme des Nichtangezweifelten.

Sie setzte, wie wir annehmen, an Stelle des Glaubens die Vernunft, und die Vernunft ist etwas Kaltes. Sie brachte, wie wir zwar wissen, das neue wissenschaftliche Denken hervor, aber wir weigern uns, dieses neue Denken als ein philosophisches Denken anzuerkennen, obgleich es wie nie ein anderes Denken die Welt veränderte und in Gebiete vorstieß, die vorher Sache der philosophischen Spekulation waren. (35/35 f.)

Bild

Das abstrakte Denken des Menschen, die jetzige Bildlosigkeit der Welt, die von Abstraktheiten regiert wird, ist nicht mehr zu umgehen. Die Welt wird ein ungeheurer technischer Raum werden oder untergehen. Alles Kollektive wird wachsen, aber seine geistige Bedeutung einschrumpfen. Die Chance liegt allein noch beim Einzelnen. Der Einzelne hat die Welt zu bestehen. Von ihm aus ist alles wieder zu gewinnen. Nur von ihm, das ist seine grausame Einschränkung. Der Schriftsteller gebe es auf, die Welt retten zu wollen. Er wage es wieder, die Welt zu formen, aus ihrer Bildlosigkeit ein Bild zu machen.   (32/67)

Demokratie

Die Demokratie ist eine der großen politischen Ideen des Menschen. Dazu finden sich in der Schweiz Ansätze. Die Demokratie ist ein Versuch, innerhalb eines Machtsystems möglichst viele an der Macht zu beteiligen: die Mehrheit herrscht über die Minderheit.

Doch je komplizierter ein Staat wird, desto komplizierter wird die Durchführung der Demokratie; die Schweiz, in der noch Möglichkeiten einer direkten Demokratie bestehen, macht davon keine Ausnahme. Ein Land muß nicht nur regiert, es muß auch verwaltet werden. Es sind nicht nur Beschlüsse zu fassen, sie sind auch zu verwirklichen: Die Politik setzt sich aus Politikern zusammen, die die Politik beschließen, und aus Beamten, die die Politik durchführen.

Je komplizierter nun der gesamtpolitische Apparat eines Landes wird, desto mehr werden Politiker Beamte und Beamte Politiker. (33/74 f.)

Das Parlament

Das Parlament repräsentiert in Wirklichkeit nur sich selbst und nur ideologisch das Volk. Die Struktur der modernen Gesellschaft, in der ein jeder irgendwie ein Angestellter ist, arbeitet der Demokratie entgegen. Ein jeder ist gewohnt, sich verwalten zu lassen. Die Demokratie setzt jedoch Kritik voraus und die Angewohnheit, der Regierung auf die Finger zu sehen. Ein Parlament dagegen, das nur aus Beamten und Funktionären besteht, kommt in Versuchung, dem Volke vorzuschreiben, wie es zu sein hat. Wir haben gehorsame Demokraten zu sein. (33/75)

Sozialdemokratie und Volksdemokratie

Das Dilemma der Sozialdemokratie: Sie bietet den Sozialstaat an, aber der Sozialstaat bedeutet ›mehr Staat‹, was der bürgerliche Staat auch anbietet, auch er muß ein Mehr an Staat hinnehmen, das Gesetz der großen Zahl zwingt allen den Sozialstaat auf. Die Koalition der Sozialdemokraten mit den bürgerlichen Parteien ist logisch: beide wollen nicht das gleiche, aber müssen das gleiche tun. Das trifft auch zu, wo einer der beiden, bald der eine, bald der andere, in Opposition tritt, jeder, einmal an der Macht, muß dem Staat ein ›Mehr‹ zufügen. Die Furcht beider ist freilich verschieden, wenn auch mit viel Demagogie verbunden. Die ›Bürgerlichen‹ fürchten die Volksdemokratie, die Sozialdemokraten die Diktatur. (33/120)

Gegen den Staat für den Staat

Nur so hat die Demokratie noch einen Sinn: im Kampf gegen den Staat für den Staat, in der Auseinandersetzung mit der Institution für die Institution, als Versuch, den Staat zu vermenschlichen. Mehr, als den Staat zu humanisieren, vermag keine Politik, sonst wird sie zum Abenteuer. (28/304)

Denken

Die Menschheit ist, um einen Ausdruck der Physik anzuwenden, aus dem Bereich der kleinen Zahlen in jenen der großen Zahlen getreten. So wie in den Strukturen, die unermeßlich viele Atome umschließen, andere Naturgesetze herrschen als im Innern eines Atoms, so ändert sich die Verhaltensweise der Menschen, wenn sie aus den relativ übersichtlichen und, was die Zahl ihrer Bevölkerung betrifft, kleineren Verbänden der alten Welt in die immensen Großreiche unserer Epoche geraten. Wir sehen uns heute Staatsorganisationen gegenüber, von denen die Behauptung, sie seien Vaterländer, nur noch mit Vorsicht aufzunehmen ist. Ebenso bemüht sich die heutige Politik oft, Ideen aufrechtzuerhalten, die der staatlichen Wirklichkeit nicht mehr entsprechen: Daher das allgemeine Gefühl, einem boshaften, unpersönlichen, abstrakten Staatsungeheuer gegenüberzustehen. Politik im alten Sinne ist kaum mehr möglich. Wir brauchen eine technische Bewältigung von technischen Räumen, vor allem eine neue, genaue Unterscheidung von dem, was Gottes ist, von jenen Bezirken, in denen Freiheit möglich, und jenen, in denen sie unmöglich ist. Die Welt, in der wir leben, ist nicht so sehr in eine Krise der Erkenntnis gekommen, sondern in eine Krise der Verwirklichung ihrer Erkenntnisse. Sie ist ohne Gegenwart, entweder zu sehr der Vergangenheit verhaftet oder einer utopischen Zukunft verfallen. Der Mensch lebt heute in einer Welt, die er weniger kennt, als wir das annehmen. Er hat das Bild verloren und ist den Bildern verfallen. Daß man heute unser Zeitalter eines der Bilder nennt, hat seinen Grund darin, daß es in Wahrheit eines der Abstraktion geworden ist. Der Mensch versteht nicht, was gespielt wird, er kommt sich als ein Spielball der Mächte vor, das Weltgeschehen erscheint ihm zu gewaltig, als daß er noch mitbestimmen könnte [...]. Er spürt, daß ein Weltbild errichtet wurde, das nur noch dem Wissenschaftler verständlich ist, und er fällt den Massenartikeln von gängigen Weltanschauungen und Weltbildern zum Opfer, die auf den Markt geworfen werden und an jeder Straßenecke zu haben sind.   (26/63)

21 Punkte zu den *Physikern*

1

Ich gehe nicht von einer These, sondern von einer Geschichte aus.

2

Geht man von einer Geschichte aus, muß sie zu Ende gedacht werden.

3

Eine Geschichte ist dann zu Ende gedacht, wenn sie ihre schlimmstmögliche Wendung genommen hat.

4

Die schlimmstmögliche Wendung ist nicht voraussehbar. Sie tritt durch Zufall ein.

5

Die Kunst des Dramatikers besteht darin, in einer Handlung den Zufall möglichst wirksam einzusetzen.

6

Träger einer dramatischen Handlung sind Menschen.

7

Der Zufall in einer dramatischen Handlung besteht darin, wann und wo wer zufällig wem begegnet.

8

Je planmäßiger die Menschen vorgehen, desto wirksamer vermag sie der Zufall zu treffen.

9

Planmäßig vorgehende Menschen wollen ein bestimmtes Ziel erreichen. Der Zufall trifft sie dann am schlimmsten, wenn sie durch ihn das Gegenteil ihres Ziels erreichen: Das, was sie befürchteten, was sie zu vermeiden suchten (z. B. Ödipus).

10

Eine solche Geschichte ist zwar grotesk, aber nicht absurd (sinnwidrig).

11

Sie ist paradox.

12

Ebensowenig wie die Logiker können die Dramatiker das Paradoxe vermeiden.

13

Ebensowenig wie die Logiker können die Physiker das Paradoxe vermeiden.

14

Ein Drama über die Physiker muß paradox sein.

15

Es kann nicht den Inhalt der Physik zum Ziele haben, sondern nur ihre Auswirkung.

16

Der Inhalt der Physik geht die Physiker an, die Auswirkung alle Menschen.

17

Was alle angeht, können nur alle lösen.

18

Jeder Versuch eines Einzelnen, für sich zu lösen, was alle angeht, muß scheitern.

19

Im Paradoxen erscheint die Wirklichkeit.

20

Wer dem Paradoxen gegenübersteht, setzt sich der Wirklichkeit aus.

21

Die Dramatik kann den Zuschauer überlisten, sich der Wirklichkeit auszusetzen, aber nicht zwingen, ihr standzuhalten oder sie gar zu bewältigen.   (7/91)

Erde

Am 20. Juli 1969 begann nicht ein neues Zeitalter, sondern der Versuch, sich aus dem unbewältigten 20. Jahrhundert in den Himmel wegzustehlen. Nicht die menschliche Vernunft wurde bestätigt, sondern deren Ohnmacht. Es ist leichter, auf den Mond zu fliegen, als mit anderen Rassen friedlich zusammenzuleben, leichter, als eine wirkliche Demokratie und einen wirklichen Sozialismus durchzuführen, leichter, als den Hunger und die Unwissenheit zu besiegen, leichter, als den Vietnamkrieg zu vermeiden oder zu beenden, leichter, als den wirklichen Mörder eines Präsidenten zu finden, leichter, als zwischen den Arabern und den Juden und zwischen den Russen und den Chinesen Frieden zu stiften, leichter, als die Sahara zu bewässern, leichter, als den von einer kleinen weißen Volksgruppe besiedelten Kontinent Australien auch für andere Rassen zu öffnen, ja leichter, als das Zweistromland des

Tigris und des Euphrat wieder zu jener fruchtbaren Ebene zu machen, die es einst war.

Nicht der Mondflug ist das Schlimmste, er ist nichts als eines jener technischen Abenteuer, die durch die Anwendung von Wissenschaften immer wieder möglich werden: Schlimm ist die Illusion, die er erweckt. Ein neuer Kolumbus ist unmöglich, denn er entdeckte einen neuen Kontinent, der zu bevölkern war, Apollo 11 jedoch erreichte nichts, was der Erde entsprach, sie erreichte bloß die Wüste der Wüsten, den Mond. Wie weit wir auch unser Sonnensystem durchmessen, immer werden die Bedingungen auf den anderen Planeten so schlecht, so jämmerlich, so unmenschlich sein, daß diese Welten von der Erde aus nie besiedelt werden können. Mag es auch auf dem Mond oder auf dem Mars ein astronomisches Institut geben, mit einer künstlichen Atmosphäre (ich hoffe es), es zählt nichts, gegenüber dem, was sich auf der Erde ereignen wird.

(33/30f.)

Das Schiffsgleichnis

Vergleichen wir den Planeten, auf dem wir leben – und es bleibt uns trotz Raumfahrt kein anderer zur Verfügung –, vergleichen wir die Erde mit einem Schiff, so bin ich durchaus in der Lage, von den Ordnungen, die in den verschiedenen Kabinenklassen herrschen, eine Beschreibung zu geben und auf verschiedene Regeln des Zusammenlebens hinzuweisen, etwa auf die gesellschaftliche Notwendigkeit, beim Dinner in der ersten Klasse Smoking zu tragen.

Diese Beschreibung wird jedoch in Frage gestellt, wenn die Anzahl der Passagiere sich ändert. Die Ordnung und damit die Beschreibung dieser Ordnung ist nur gesichert, wenn die Anzahl der Passagiere im wesentlichen gleich bleibt; verringert sich die Anzahl der Passagiere oder nimmt sie zu, wird die Ordnung in den verschiedenen Klassen und die Beschreibung dieser Ordnung fragwürdig. Besteht die erste Klasse aus Einzelkabinen, die zweite aus Zweier- und die dritte aus Zehnerkabinen, wird diese Ordnung sinnlos, wenn jede Klasse nur mit zwei Passagieren belegt ist. Jeder Passagier besitzt dann eine Kabine, jene der dritten Klasse die größten, auch findet aus lauter Langeweile ein Zusammenschluß der Passagiere statt, das Tragen eines Gesellschaftsanzugs wird aus Mangel an einer Gesellschaft lästig, warum sollen sich zwei in einen Gesellschaftsanzug zwängen, wenn die vier anderen mit offenem Hemd herumlaufen; wird das Schiff mit Passagieren überfüllt, fällt das Klassensystem ebenfalls zusammen.

Bei einem normal belegten Schiff herrscht in der ersten Klasse das Prinzip der Freiheit vor. Jeder Passagier besitzt seine eigene Kabine und soll möglichst frei und ungestört sein. Die zweite und gar die dritte Klasse werden mehr vom Prinzip der Gerechtigkeit geregelt. Wächst jedoch die Anzahl der Passagiere an, können mit der Zeit keine Einzelkabinen mehr gewährt werden, notgedrungen werden strengere Bestimmungen über das Zusammenleben der Passagiere eingeführt. Sowohl die Einzelkabine als auch der Smoking wird ein Privileg, das desto ärgerlicher wirkt, je mehr die Anzahl der Passagiere anschwillt. Die Notwendigkeit, gerecht zu sein, hängt daher von der Anzahl der Passagiere ab, je größer diese Anzahl, desto geringer die Freiheit des Einzelnen, bis ihm, in allen Klassen zusammengepfercht, nur noch die Freiheit des Geistes übrigbleibt.

Bezogen auf unseren Planeten: Je größer seine Bevölkerung, desto entscheidender wird die Gerechtigkeit, desto größer wird ihr Primat.
(27/97)

Erkenntnis

Ist der Forderung »Erkenne dich selbst« schwer und nur unzulänglich nachzukommen, da sich ein jeder über sich selbst am leichtesten täuscht, so stellt uns gar der Versuch, den andern zu erkennen, vor unüberwindliche Schranken. Mögen wir dem andern noch so nahe stehen, mögen wir ihn lieben, achten, ober mögen wir seine Gegner sein, wir kennen ihn nie, wie er ist, wir kennen nur Zeichen, die von ihm kommen, Wirkungen, die von ihm ausgehen, Fakten, die sich feststellen, zusammenstellen lassen. Wir erleben den andern, oft eindringlich, manchmal erschütternd, doch unser Wissen über ihn ist grausam begrenzt, grausam begrenzt aber auch die Möglichkeit, ihm zu helfen. Der wirkliche Raum zwischen den Menschen ist unermeßlicher, als wir das wahrhaben wollen, als die Liebe, die Freundschaft, ja die Feindschaft es wahrhaben will. Seinen Weg hat ein jeder selber zu gehen, er wird auf eine

Bahn geschleudert, die ihn unweigerlich immer
weiter von den andern treibt, in den Tod.

(30/121)

Faschismus

Nicht zufällig ist jeder Faschismus mit einer Blut-und-Boden-Literatur verbunden. Was emotional ist, muß auch kultisch sein. Wie wir in der heutigen Zeit eine heiße Kunst, die mehr an das Gefühl appelliert, von einer kalten Kunst unterscheiden, die mehr den Verstand anspricht, so können wir auch von einer heißen und einer kalten Politik reden. Der Faschismus verführt, wie jedes Emotionale, zu einer heißen Politik. Das Individuum wird durch ihn zur Identifikation mit einer emotionalen Realität verlockt, überhaupt werden in ihm alle Emotionen frei, die positiven und die negativen, Liebe, Glaube, Treue, Haß, Aggression usw.; Gefühle, die in Verbindung mit einer rein emotionalen, heißen Politik zerstörerisch, ja selbstmörderisch werden. (33/81)

Freiheit

Da man für unsere Gesellschaftsordnung die Freiheit in Anspruch nimmt, hat man sich auch angewöhnt, von der Freiheit des Schriftstellers zu reden, allgemein wird erleichtert festgestellt, der westliche Schriftsteller sei frei, der östliche dagegen ein Sklave, der zwar gut bezahlt werde, doch nicht schreiben dürfe, was er wolle. Die Freiheit des Geistes ist das Hauptargument gegen den Kommunismus geworden, ein nicht unbedenkliches: Wer nur ein geringes die Entwicklung der Dinge verfolgt, sieht leicht, daß die Russen mehr für den Geist tun als wir, und sei es nur, daß sie sich vorerst mehr um die Volksbildung und um die Wissenschaft bemühen, daß sie hungriger sind als wir: Sie mästen geradezu einen Geist in Ketten, wobei sich die Frage stellt, wie lange die Ketten halten. (26/56)

Friede

Was ist Friede? Vom Kriege aus gesehen – wie
man ihn heute leider noch oft betrachtet – etwas
Positives, ausschließlich Positives, wie das Land
für den Seemann in Seenot. Friede bedeutet dann
vor allem Kind in der Wiege, wogende Kornfel-
der, je nach Politik Glockengeläute von Kirchen
oder Gesang im Kolchos. Sieht man jedoch den
Frieden nicht vom Kriege her, sondern vom Frieden selber aus, verliert er das positive Vorzei-
chen, er bekommt aber auch kein negatives. Der
Friede ist etwas Inkommensurables. Allein vom
Verstand her wäre er leicht zu bewältigen, seine
Axiome sind leicht zu finden.

Die ungeheuren Aufgaben, vor denen die Welt
steht und die allen sichtbar sind, werden stän-
dig durchkreuzt von Machtfragen, Dogmen, Na-
tionalismen, das politische Denken geht meistens
nach. Doch von jedem einzelnen aus gesehen,
nimmt der Friede ein noch anderes Gesicht an,

sein wahrstes: er wird zum Alltag, zur Sorge um das tägliche Brot, er wird zur Bühne, auf der sich das menschliche Leben normalerweise abzuspielen hat, als Komödie, als Tragödie, meistens aber als ein recht mäßiges und spannungsloses Drama, bei dem es kein Davonlaufen gibt. (16/178)

Nur im Privaten kann die Welt auch heute noch in Ordnung sein und der Frieden verwirklicht werden. Ein grausamer Satz. Doch geben wir alle die Hoffnung auf einen allgemeinen Frieden nicht auf. Wir fordern nicht viel. Der Friede ist nichts als eine Selbstverständlichkeit, die an sich keine Probleme löst. Das ist seine immanente Schwierigkeit. Hier lauert die Gefahr: daß man von ihm zu viel erwartet. (16/179)

Dem Kampf einen Sinn zu geben ist leicht, weil wir uns vorlügen, der Sinn dieses Kämpfens liege im Frieden; mit dieser Lüge legen wir den Sinn in ein Ziel außer uns, wir legen es in unseren Gegner und damit ins Unerreichbare. Auch wenn wir den Gegner erlegen, steht gegen uns ein neuer Gegner auf, den erlegten zu rächen, den wir, um nicht seiner Rache zu erliegen, wieder erlegen müssen: so schieben wir den Frieden vor uns her, statt ihn zu erreichen.   (35/143)

Den Frieden muß man durchmachen, durchhalten, aushalten; ja, in einer ganz bestimmten Weise ist das vielleicht viel schwerer als das Durchmachen eines Krieges.   (16/177 f.)

Gedankensplitter

Ein Bettler, der in Not gerät, ist ein Dilettant.
(4/24)

Leider ist die Ausbeutung schon lange nicht mehr
das alleinige Vorrecht der Kapitalisten.   (34/12)

Der Mensch sieht sich immer gewaltiger von
Dingen umstellt, die er zwar handhabt, aber nicht
mehr begreift.   (32/63)

Denken ist halsbrecherisch, falls es seinen Namen
verdient.   (35/42)

Wer eine Welt gebaut hat, der braucht sie nicht zu
deuten.   (33/11)

Wer einen Diktator einen Dämon nennt, verehrt
ihn heimlich.   (34/11)

In Gefängnissen bekommt man nur positive Literatur zu lesen.   (33/13)

Nichts kommt die Menschheit teurer zu stehen als eine billige Freiheit.   (34/17)

Die Erde ist eine Chance.   (12/146)

Bewahrt das Gute, vergeßt das Mittelmäßige und lernt vom Schlechten.   (1/19)

Von den Idealen redet man so viel, weil sie nichts kosten.   (34/13)

Die Kultur ist keine Ausrede.   (34/12)

Die Menschheit hat eine Diät nötig und nicht eine Operation.   (34/11)

Neutralität ist eine politische Taktik, keine Moral.   (34/62 f.)

Neutralität ist die Kunst, sich möglichst nützlich und möglichst ungefährlich zu verhalten.
(34/63)

Es gibt nichts Billigeres als den Pessimismus und nicht leicht etwas Fahrlässigeres als den Optimismus.   (34/12)

Von der Politik haben wir Vernunft, von den Einzelnen Liebe zu fordern. Es ist Sache der Politik, dafür zu sorgen, daß aus der Chance Einzelner die Chance der Einzelnen wird.   (34/19)

Was einmal gedacht wurde, kann nicht mehr zurückgenommen werden.   (7/85)

Falsche Mythen führen zu einer falschen Politik. (33/13)

Das Schwerste ist: Sich nicht zu rechtfertigen. (33/13)

Das Schicksal, an sich boshaft, liebt Streiche, sein Geschmack ist die Kolportage, nicht die Belletristik.   (14/129)

Schreiben geht entweder unendlich schnell oder unendlich langsam vor sich.   (33/12)

Manche schreiben, als wäre die Literatur eine Grabinschrift.   (33/12)

Alle Dilettanten schreiben gern. Darum schreiben einige von ihnen so gut.   (33/12)

Sie wiegen sich mit der Literatur in Sicherheit. (33/12)

Viele schreiben nicht mehr, sondern treiben Stil. (33/12)

Wer Stil treibt, vertreibt sich nur die Zeit. (33/12)

Das Beste an der heutigen Weltlage ist noch, daß die Schriftstellerei wieder anfängt, gefährlich zu werden.   (34/14)

Wer einen großen Skandal verheimlichen will, inszeniert am besten einen kleinen.   (2/16)

Es gibt sowenig einen christlichen Staat, wie es christliche Parteien gibt.   (33/27)

Wie der Mensch für seine Taten Begründungen erfindet, erfindet er auch für seine Leiden Trost. (35/182)

Wer die Endzeit erwartet, ist zu ungeheuren Leiden, wer sie herbeiführen will, zu ungeheuren Verbrechen fähig. (35/59)

Man darf nie aufhören, sich die Welt vorzustellen, wie sie am vernünftigsten wäre. (33/13)

Es hat viele entmutigt, daß ein Trottel wie Hitler an die Macht kommen konnte, aber auch einige ermutigt. (34/11)

Die Welt ist als Problem beinahe und als Konflikt überhaupt nicht zu lösen. (33/13)

Je planmäßiger die Menschen vorgehen, desto wirksamer vermag sie der Zufall zu treffen. (7/91)

Ist Kultur etwas, das man retten kann? (2/33)

Mit den ungeborenen Enkeln pflegt man oft alles zu entschuldigen. (34/13)

Daß man sich auch durch den Tod aus dem Staube machen kann, ist manchmal ungerecht. (34/14)

Geld und Geist

Es gibt Geschäfte, die so beschaffen sind, daß es höchst unmoralisch wäre, sie moralisch zu führen, und andere, die so unmoralisch sind, daß sie nur moralisch geführt werden dürften. Das sind mehr als Nuancen. Diese Unterscheidungen weisen auf Notwendigkeiten hin, die dem Geschäftsleben von seinem Ziele her diktiert werden. Das Ziel eines Geschäfts liegt jedoch in seiner Rentabilität; ein Geschäft zu führen, das nicht rentiert, ist sinnlos. Deshalb muß auch eine Schriftstellerei rentieren. Aber wie? Unter allen Umständen oder unter bestimmten? Versucht man so nicht tiefsinnig, aber wesentlich über Schriftstellerei zu reden, ist es vorerst notwendig, sich über die Art dieses Geschäfts Klarheit zu verschaffen. Hier nun stoßen wir auf eine Schwierigkeit. Ein Bankier weiß oder sollte wissen, was er treibt. Sein Geschäft läßt sich klar umschreiben, ohne daß andere als materielle Werte aufgeboten werden

müssen, es zu rechtfertigen. Die Schriftsteller dagegen neigen dazu, ihre Geschäfte und besonders
ihre guten als Leistungen darzustellen, von denen
gleich das ganze Abendland abhänge, der Geist
muß her als Ausrede dafür, ein Geschäft erstrebt
oder gemacht zu haben, sie tun so, als ob vom
Geiste her gesehen die Frage nach der geschäft-
lichen Seite von vorneherein unerheblich sei. Es
findet so ein unmoralischer Wettbewerb statt, der
nur deshalb nicht verpönt ist, weil in unserer Welt
immer mehr auch die übrigen Geschäftsleute,
besonders die Bankiers und die Politiker, dazu
übergegangen sind, den Geist als Ausrede zu benutzen. Man macht in Geist, die Geschäfte stellen
sich en passant ein. Die erste Frage lautet daher,
ob der Schriftsteller da mitmache, ob er sich als
Geist mit Sondererlaubnissen in Extraposition
betrachte oder als ehrlichen Geschäftsmann. Es
ist eine Gewissensfrage, wenn nicht *die* Gewissensfrage. Schätzt sich der Schriftsteller als ein
erhabenes Wesen ein, wertet er sich zum Dichter
auf, so muß er die Frage nach seinem Geschäft als
frivol bezeichnen, nicht einen Beruf ausüben,
sondern als Berufener auftreten. Das tun denn
auch viele und oft hemmungsloser, als man das
für möglich hielte. Sie sind in relativer Sicherheit.

Geistliche und Dichter fragt man nicht nach ihren Geschäften, die wickelt der Himmel ab. Reiht sich jedoch der Schriftsteller ein, zählt er sich zu den Geschäftsleuten, so kann er immer noch danach trachten, der Prostitution zu entgehen, für Geist Geld zu nehmen: indem er sich nämlich entschlossen weigert, geistige Werte zu liefern, indem er Stoffe, aber keinen Trost fabriziert, Sprengstoff, aber keine Tranquilizer. Auf die Ware kommt es an.   (30/87 f.)

Gerechtigkeit und Recht

Wollen wir eine gerechte Gesellschaftsordnung konstruieren, gibt es vom Material Mensch her, das uns zum Bau zur Verfügung steht, zwei Konstruktionsmöglichkeiten. Wir können vom besonderen Begriff des Menschen ausgehen, vom Individuum, oder vom allgemeinen Begriff des Menschen, von der Gesellschaft. Wir müssen wählen. Doch bevor wir wählen, müssen wir uns über die Gerechtigkeit klar werden, die wir durch eine Gesellschaftsordnung verwirklichen können. Doch wie der Mensch zwei Begriffe von sich aufstellt, besitzt er auch zwei Ideen von der Gerechtigkeit.

Das Recht des Einzelnen besteht darin, er selbst zu sein: dieses Recht nennen wir Freiheit. Sie ist der besondere Begriff der Gerechtigkeit, den ein jeder von sich macht, die existentielle Idee der Gerechtigkeit.

Das Recht der Gesellschaft besteht dagegen

darin, die Freiheit eines jeden einzelnen zu garantieren, was sie nur vermag, wenn sie die Freiheit eines jeden einzelnen beschränkt. Dieses Recht nennen wir Gerechtigkeit, sie ist der allgemeine Begriff der Gerechtigkeit, eine logische Idee. Die Freiheit und die Gerechtigkeit stellen die beiden Ideen dar, mit denen die Politik operiert, durch die sie den Menschen insoweit in den Griff bekommt, als sie beide Ideen berücksichtigt. Läßt die Politik eine der Ideen fallen, wird sie fragwürdig. Ohne Freiheit wird sie unmenschlich und ohne Gerechtigkeit ebenfalls. Dennoch ist die Beziehung der Freiheit zur Gerechtigkeit problematisch. Eine allgemeine Phrase definiert die Politik als die Kunst des Möglichen; sieht man jedoch genauer hin, erweist sie sich als die Kunst des Unmöglichen. Die Freiheit und die Gerechtigkeit bedingen einander nur scheinbar. Die existentielle Idee der Freiheit steht auf einer anderen Ebene als die logische Idee der Gerechtigkeit. Eine existentielle Idee ist emotional gegeben, eine logische Idee konzipiert. Es läßt sich eine Welt der absoluten Freiheit denken und eine Welt der absoluten Gerechtigkeit. Diese beiden Welten würden sich nicht decken, sondern einander widersprechen. Beide würden zwar eine

Hölle darstellen, die Welt der absoluten Freiheit einen Dschungel, wo der Mensch wie ein Wild gejagt, die Welt der absoluten Gerechtigkeit ein Gefängnis, wo der Mensch zu Tode gefoltert wird. Die unmögliche Kunst der Politik besteht darin, die emotionale Idee der Freiheit mit der konzipierten Idee der Gerechtigkeit zu versöhnen; das ist nur auf der Ebene des Moralischen möglich und nicht auf der Ebene des Logischen. Anders gesagt: Die Politik vermag nie eine reine Wissenschaft zu sein.   (33/57 f.)

Gesellschaft

Eine Gesellschaft, die nur noch Waren und keine Werte mehr zu produzieren weiß, wirkt unglaubwürdig, appelliert sie an Werte. Das gilt heute für West und Ost. Die Ideologien sind hier wie dort zusammengebrochen, nicht nur durch das, was sie verkünden, vor allem durch die, die sie verkünden. Daß die gängigen Ideologien vor den neuen Gesellschaftsstrukturen versagen, ist evident, daß jene, die diese Ideologien immer noch zu verkünden wagen, sie nur noch als Ausreden benutzen, leuchtet ebenso ein.

Wo nur noch Waren und Märkte sind, wird der Staat zur Verwaltungsmaschinerie und die Universität zu einem Ort, Wissenschaft und Technik zu lehren. Doch je verzweifelter der Staat noch ein Vaterland und die Hochschule noch Universität sein möchten, desto instinktiver setzen sie sich dagegen zur Wehr, daß man nach ihrem Funktionieren frage, sie verlangen Glauben. Damit werden sie ebenso unglaubhaft wie die Gesellschaft, die sich ihrer bedient. (28/44)

Es gibt keine gerechte Gesellschaftsordnung, weil der Mensch, sucht er Gerechtigkeit, mit Recht jede Gesellschaftsordnung als ungerecht, und sucht er Freiheit, mit Recht jede Gesellschaftsordnung als unfrei empfinden muß.

Logisch scheint es nur eine Möglichkeit zu geben. Stellt sich heraus, daß in beiden Spielen eine Institution als der große Gewinner auftritt und dadurch der Mensch unter die Herrschaft von Menschen gerät, die diese Institution handhaben, so bleibt uns nichts anderes übrig, als den existentiellen Begriff des Menschen, der nicht regiert werden kann, von seinem logischen Begriff, der bestimmbar ist, zu trennen und den bestimmbaren Teil durch Computer zu regieren. (27/86)

Glaube

Es gibt Augenblicke, da ich zu glauben vermag,
und es gibt Augenblicke, da ich zweifeln muß.
Das Schlimmste, glaube ich, ist, glauben zu wollen, was es nun sei, was man glauben will, sei
es das Christentum oder irgendeine Ideologie.
Denn wer glauben will, muß seine Zweifel un-
terdrücken, und wer seine Zweifel unterdrückt,
muß sich belügen. Und nur wer seine Zweifel
nicht unterdrückt, ist imstande, sich selbst zu be-
zweifeln, ohne zu verzweifeln, denn wer glauben
will, verzweifelt, wenn er plötzlich nicht glauben
kann. Aber wer sich bezweifelt, ohne zu verzweifeln, ist vielleicht auf dem Wege zum Glauben.
Ohne ihn vielleicht je zu erreichen. Was für ein
Glaube es jedoch ist, dem so einer entgegengeht,
ist seine Sache. Es ist sein Geheimnis, das er mit
sich nimmt, denn jedes Glaubensbekenntnis ist
unbeweisbar, und was nicht bewiesen werden
kann, soll man für sich behalten.   (14/326 f.)

Glauben und Wissen

Sokrates glaubte einmal, das Studium der Physik sei nichts für den Menschen, der Mensch sei kein Gott, die Welt zu verstehen, der Mensch wisse bloß, daß er nichts wisse, was er unter dieser tristen Vorbedingung trotzdem unternehmen könne, nämlich richtig zu leben, sei seine Angelegenheit, stelle seine eigentliche Philosophie dar. So handle ich denn nicht als Wissender oder als einer, der glaubt zu wissen, als Ideologe, weil ich wie Sokrates zwar weiß, daß ich nichts weiß, aber auch weil ich nur an etwas zu glauben vermag, das ich damals, als ich auf den Trolleybus sprang, nur ahnte, das mir aber einmal einleuchten würde, wofür es keinen Namen gibt, nur ein Bild, ein Hinausrennen um hineinzurennen eben, auf eine unerklärliche Weise freilich, was auch niemanden zu bekümmern braucht, weil sich um seinen Glauben zu kümmern nun wirklich nur die Sache eines jeden sein kann, so daß ich zwar nach der Wirklichkeit frage und das unablässig, soweit diese Wirklichkeit erkennbar ist, und sei sie dies auch nur als handfeste praktische Wirklichkeit (in welcher der Jammer der ganzen Welt beschlossen liegt), neugierig und darum doppelt unbequem. Einer, der so denkt, kann nur objektiv sein, wenn es nicht ihn selbst betrifft. Er wird verlegen, wenn seine eigene Sache ins Spiel kommt, sein Glaube zum Beispiel, das Wunderbarste sei das menschliche Hirn, wunderbarer noch als der Gott, den es sich auszudenken vermag, und der Weltraum, den es sich vorzustellen versucht; verlegen, da er sich selber nicht zu objektivieren vermag, weil er dann sich selber verliert, liegt doch das einzige Vorrecht eines Menschen darin, mißverstanden zu werden, der einzige Sand, auf dem sich etwas bauen läßt. (29/230 f.)

Das Wissen ist eine dünne Eisdecke über dem kochenden Abgrund des Glaubens. Es deckt den Glauben zu, ohne dessen Macht zu erreichen: Der Glaube treibt im Unterbewußten unkontrolliert sein Wesen. Und nicht nur er: Das Irrationale steigt aus der Tiefe. Was aus der Tiefe steigt, ist gefährlich. Es ist eruptiv.

Die Weltformel wird nicht die Wirklichkeit sein, sondern die mathematische Interpretation der Wirklichkeit. Damit wird die Physik abgeschlossen sein. Aber immer weniger werden die Weltformel verstehen und immer mehr bloß glauben, sie zu verstehen, bis man sie nur noch glauben wird, wie man an Gott glaubt: Ihre Unverständlichkeit wird der Beweis ihrer Richtigkeit sein. Die Weltformel wird mit der Wahrheit verwechselt werden, das Wissen in den Glauben umkippen: Die Weltformel wird zur Kabbala, zum Fundament eines neuen Glaubens, nicht mehr begriffen, nur noch gedeutet. Die Menschen wollen glauben, nicht wissen, weil sie nur als Gläubige zu wissen glauben. Sie werden nach cern wandern wie die Muslims nach Mekka. Die Schweiz hat noch eine Chance.   (18/574)

Gott

Gibt es einen Gott, über dessen Existenz kein Mensch zu entscheiden vermag, so ist der Zweifel an seiner Existenz nichts als der von Gott gewählte Schleier, den er vor sein Antlitz senkt, seine Existenz zu verbergen; gibt es ihn nicht, so sind die Worte, mit denen wir über ihn spekulieren, in den Wind gesprochen, der sie davonträgt wie alle menschlichen Worte.   (35/15)

Gott liegt gänzlich außerhalb jeder Rede, jeder Sprache, seine offenbarten Worte, unabhängig vom Glauben an sie und an ihn, auch wenn wir ihn nur fingieren als Wesen außerhalb der Welt, dringen in unsere Wortsphäre von außen, wie Meteore in die Erdatmosphäre, vom gänzlich Sprachlosen und Begriffslosen her: eine bedeutendere Sprachkonzeption, eine gewagtere Fiktion kann es nicht geben, ob es eine ›wahre‹ Konzeption ist, bleibt unbeweisbar, aber auch im Bereich des Logischen unwesentlich, der menschliche Geist verhält sich konzipierend, nicht ›wahr‹, er dringt in die ›Wahrheit‹ vermittels Konzeptionen, er ist nicht identisch mit der Wahrheit. »Gott ist tot« ist ein ebenso nebensächlicher Satz wie »Die Null ist tot«. Die ›Wirklichkeit‹ hat weder einen Gott noch die Null nötig, ebensowenig wie der Sternenhimmel die Teleskope.   (35/105)

Ob es sich um die Abschreckung durch Atombomben, um Atomkraftwerke, um die Lagerung von Atommüll, um die Plünderung unseres Planeten usw. handelt, immer reden diejenigen, welche daran glauben, uns ein, wir sollen glauben, was sie tun, sei absolut sicher. Wir haben mit dem Glauben ein menschliches Kraftfeld betreten, das uns das Fürchten beibringt. Nicht was die Menschen über Gott, sondern was sie über sich glauben, macht das Schicksal der Sterblichen aus. (29/111)

Es wird behauptet, die Unvorstellbarkeit Gottes gehöre zu seinem Wesen wie seine Unbeweisbarkeit. Doch wozu das noch ›Gott‹ nennen? Ein entleertes Wort: eine Groteske. Aber daß der Liebe Gott der Christen, der Vater, der im Himmel ist, den Goethe noch den Allumfasser, den Allerhalter nannte, eine Groteske geworden ist, zeigt am besten die geistige Krise unserer Zeit, die anfängt, das Wunder Mensch zu entdecken und seinen Sinn in ihm selber. Die alten Fluchtwege des Menschen sind verschüttet, er beginnt sich selber zu stellen. Er war sein eigener Feind. Er muß sein eigener Freund werden. Dann erst kann er seinen Nächsten wie sich selber lieben. Jesus war vielleicht der erste wirkliche Atheist. Aber was wissen wir von ihm?   (18/586)

Heimat

Der Mensch braucht eine überschaubare Heimat noch notwendiger als einen Staat. Durch seine Gemeinde ist er mit seinem Kanton verbunden. Jeder Kanton hat seine Geschichte, und ich halte die historische Kraft eines solchen Gebildes für größer, als wir oft annehmen.   (G1/251)

Die Schweiz ist interessant als Kunstgebilde, als ein Zusammenleben von Menschen, von denen ein jeder ein ganz anderes Heimatgefühl hat, eine andere Sprache. Ein Welschschweizer denkt an den Genfersee oder an den Neuenburgersee oder ans Waadtland, er hat ein anderes Heimatgefühl als der Ostschweizer. Es gibt verschiedene Heimaten. Die Schweiz ist ein Mutterland und nicht ein Vaterland.   (G2/273)

Gibt es für Sie den Begriff ›Heimat‹?

Mein Heimatbegriff umfaßt das Grundstück, auf dem ich lebe. Mein Heimatdorf hat sich so verändert, daß es für mich nur noch im Traum existiert. (G4/93)

Humor

Und so komme ich mir denn vor wie einer, der sein Haus gegen Osten zu verließ und, seine Richtung stur einhaltend, alle nur denkbaren Verkehrsmittel benutzend, sein Haus plötzlich von Westen her kommend wiederfindet. Trat er aus der Vordertür hinaus, steht er nun vor der Hintertür und trifft die alten Fragmente, all das Halbbegonnene, Liegengelassene, ja nur Gedachte wieder an, das er einmal zur Hintertür hinauswarf, in der Meinung, es sei dann aus dem Wege geschafft. Doch fragt mich nun einer, wozu denn diese Reise, so antworte ich, des Reisens wegen; und fragt er, was ist dein Standpunkt, so antworte ich, der eines Reisenden; fragt er unerbittlicher, deinen politischen Standpunkt will ich wissen, antworte ich, von Fall zu Fall, in der Sowjetunion, halte ich mich dort auf, bin ich Antikommunist, in Indien oder Chile, wäre ich dorthin verschlagen, Kommunist usw.

Leuchtet dir Gott ein? schreit er von irgendwoher zwischen mir und der Türe, aus der ich ging. Er hat mich nicht erleuchtet, daß er mir einleuchtet, antworte ich und schreite in die immer schwärzere Dunkelheit, in die immer gewaltigere Finsternis.

Also glaubst du nicht an Gott, schreit er, endlich habe ich dich festgenagelt. Warum wirst du denn gleich so verdammt theologisch, schreie ich noch, bevor ich endgültig in die Nacht entweiche, stur geradeaus.

Du gehst schon wieder auf Reisen, schreit er mir, glaube ich, nach, höhnisch, aus Leibeskräften, obgleich ich für ihn längst nicht mehr auszumachen bin, und ich antworte, und es ist unwahrscheinlich, daß er mich durch die unendliche Schwärze zwischen sich und mir, zwischen Mensch und Mensch, noch versteht, während ich im Ungewissen, Weltweiten, nur Ahnbaren den ersten unwillkürlichen Lichtschimmer errate, mein Ziel, das ich anstrebe, den Ausgangspunkt meiner Reise, den ich eben verlassen habe, die Hintertür mit dem Gerümpel davor, den Rücken des Fragenden endlich, durch die Vordertür sichtbar, in der Nacht stehend, in der er mich zu erspähen sucht, vergeblich, da ich mich, indem ich mich ihm nähere, immer mehr von ihm entferne: Ich habe nur wieder eine Geschichte erzählt.

Und während ich weiterlaufe, immer weiter, fragt einer plötzlich, einer neben mir, einer, an dem ich auf meinen Wanderungen stets vorbeigelaufen bin und den ich doch anreden wollte, ein Schauspieler: Na schön, aber wie soll man das Ganze denn spielen?

Und ich antworte, während mich die Nacht verschluckt, wie sie alle verschluckte, alle, alle: Mit Humor! (14/324 ff.)

Ideologien

Ideologien sind Ausreden, an der Macht zu bleiben, oder Vorwände, an die Macht zu kommen.
Aber die Macht kann nur mit den Mitteln der
Macht behauptet oder erobert werden: mit der
Gewalt. So rechtfertigen die Ideologen nicht nur
die Macht, sie verklären auch die Gewalt, mit
deren Opfern sie nachträglich wie Beerdigungs-
institute verfahren: Sie richten her, was sie hin-
gerichtet haben.   (33/64)

Klassen

Das Genie Marx kam auf den Begriff der Klassen. Die Menschheit zerfällt in zwei Klassen: in eine ausbeutende und in eine ausgebeutete. Die ausbeutende Klasse repräsentiert den Menschen vom Einzelnen her gesehen als eine freie, aber ungerechte Wolfsgemeinschaft, die ausgebeutete Klasse stellt die Menschheit vom Allgemeinen her dar, als unfrei und ungerecht behandelt, wobei der Grund dieser Ausbeutung in der ausbeutenden Klasse liegt. Dadurch, daß die ausbeutende Klasse gleichsam als Passivum erscheint, wird sie, wenn auch nicht zu einem intimen *Wir*, doch zu einem allgemeinen *Uns*, mit dem sich alle unfreien und ungerecht behandelten Menschen zu identifizieren vermögen. (27/83)

Klassiker

Es geschieht nicht aus Respektlosigkeit, wenn ich es unterlasse, Schiller ins Absolute, Endgültige, Vorbildliche aufzublähen, überhaupt mich so aufzuführen, als wären Klassiker die heiligsten Güter der Nation, nicht weil ich die Klassiker für kein Gut halte, sondern weil ich den Nationen in dieser Sache mißtraue. Für den tätigen Schriftsteller jedoch kann nur ein menschliches Verhältnis zu den Klassikern von Nutzen sein. Er will keine Götzen in ihnen sehen, keine unerreichbaren Vorbilder, sondern Freunde, Anreger, Gesprächspartner; oder auch, mit der gleichen Legitimität, Feinde, Schöpfer von oft langweiligen Romanen und pathetischen Theaterstücken. Er will sich ihnen nähern und sich wieder von ihnen entfernen, ja, schreibt er, sie vergessen dürfen, weil, und auch dies ist legitim, ihn im Zustande des Schreibens, des Planens und Ausführens eigentlich stört, daß schon andere vor ihm und *wie* geschrieben haben, denn jedes Produzieren ist an einen gewissen momentanen Größenwahn gebunden. (26/83)

Schiller und Brecht

Als Dramatiker ist Schiller vielleicht ein Verhängnis des deutschen Theaters, will man ihn als Lehrmeister einsetzen. Seine Regeln und Kniffe leben möglicherweise nur durch ihn, schon bei Grillparzer und Hebbel wird alles zweifelhafter, gut für Studenten der Germanistik, bei Schiller ist offenbar nichts zu lernen, er ist wahrscheinlich der Unwiederholbarste, ein Sonderfall, totgepriesen und mit Vorurteilen über ihn behaftet, dies sei alles dahingestellt und nicht näher untersucht, es ist unwichtig: Was bleibt, ist ein mächtiger Impuls, eine reine Kraft, ein einmaliges Wagnis, nichts für große Zeiten, aber für schwere. Er wurde durch die geschichtlichen Umstände gezwungen, eine Welt zu akzeptieren, die er verurteilte (Brecht in Ostberlin mußte verurteilen, was er akzeptierte, das Schicksal jedes echten Revolutionärs). Er griff nicht an, sondern versuchte, die Freiheit des Menschen unangreifbar zu machen.

Die Revolution war für ihn sinnlos, weil er die Freiheit tiefer durchdachte als sie. Er versuchte nicht, die Verhältnisse zu ändern, um den Menschen zu befreien, er hoffte, den Menschen für die Freiheit zu ändern. Er wies seiner Nation das Reich des Geistes zu, aus welchen sie freilich bald emigrierte. Er teilte, wie die Götter Griechenlands, die Welt. Im Reiche der Natur herrscht die Notwendigkeit, die Freiheit im Reiche der Vernunft, dem Leben steht der Geist gegenüber. Die Freiheit wird nicht durch die Politik realisiert, nicht durch Revolutionen erzielt, sie ist als die Grundbedingung des Menschen immer vorhanden, und wäre der Mensch in Ketten geboren. Sie manifestiert sich nur in der Kunst rein, das Leben kennt keine Freiheit. Das größte Übel ist nicht die Knechtschaft, sondern die Schuld, die Revolution ersetzt die Knechtschaft durch die Schuld: Ihr wird der Aufstand der Eidgenossenschaft entgegengehalten, die Erhebung eines einfachen Naturvolkes der Hirten, die wir Schweizer angeblich einmal waren. Das Ideal der Freiheit läßt sich nur in einer naiven Welt verwirklichen, in der Welt der Unnatur wird die Freiheit etwas Tragisches. Sie läßt sich nur noch durch das Opfer vollziehen. In Schillers Dramen offenbart sich eine unbedingte Welt, gefügt aus ehernen Gesetzen, zwischen deren Schwungrädern der Weg der Freiheit schmal und streng verläuft. Wenn wir es wagen, diese Welt zu denken, müssen wir sie ebenso ablehnen, wie wir dies mit jener Brechts meistens tun. Ahnen wir in der einen unseren Untergang, wittern wir in der andern unsere Unterdrückung, so lassen wir sie denn beide lieber als eine poetische Welt gelten, die wir genießen. Denn wir fordern die Freiheit an sich, ohne Rücksicht auf unsere Richter, aber wir kümmern uns nicht um ihr Urteil, wir bewundern den Stil, in welchem sie es niedergeschrieben haben. (26/97)

Schiller und Goethe

Wie der Verstand bei Kant vom Subjekte her die Erscheinungsformen der Welt leiht, so muß bei Schiller der Dichter aus seiner Idee die Welt neuschöpfen, darstellen, zu erzielen suchen. Doch ist diesem Vorgehen eine unerbittliche Grenze gesetzt, das Denken dringt nie zur Wirklichkeit, sondern nur, wie Schiller sich ausdrückt, zum Gesetz, zu den Symbolen, zu den Typen. In dieser Fähigkeit, von seinen Grenzen zu wissen, liegt vielleicht seine größte Bedeutung. Er dachte streng und unbedingt, aber machte Halt, wo Halt zu machen war, er kannte vor allem sich selber, er war sein größter Kritiker, begriff sich schärfer als seine Bewunderer. Nur so begriffen, ›erkenntnis-kritisch‹, sind seine Kompromisse keine faulen, sein Idealismus nicht weltfremd, sein Denken nicht nur abstrakt. Schiller bewältigte die Realität, in die er sich gestellt sah. Seine Freundschaft mit Goethe ist wie ein Werk der praktischen Vernunft, die berühmte Definition, die Goethes und Schillers Schaffen voneinander abgrenzt und doch beides voneinander abhängig macht, philosophisch und diplomatisch zugleich, ein denkerischer Kompromiß dem Leben zuliebe, eine Formel, die Freundschaft ermöglicht. Er wußte genau, was er unternahm. Das Phänomen Goethe widerlegt im tiefsten Schillers Konzeption, mit dem Begriff des Naiven ist Goethe nicht zu erklären, denkerische und künstlerische Möglichkeiten tauchen auf, die sich Schiller verbaut hatte, Schiller begann, den Bau wieder niederzureißen. Reines Denken setzt sich nicht um, der Denker, der sich aufzugeben wagt, findet die Gestalt, denkt er sich erst so zu Ende. Von da an wagte

Schiller aufs neue zu handeln, anders zu handeln. Er ließ die Philosophie fallen und schrieb seine klassischen Werke. Er zerbrach das Gesetz, das er sich einst selber gab, er löste sich von seiner Zeit, indem er ins dichterische Drama vorzustoßen suchte. Doch auch als Handelnder bleibt ihm das Schicksal seiner Natur, das er als Denker auf sich nahm: vom Denken zu den Dingen zu wollen, sie nie zu erreichen. Nur so können wir sein Pathos, seine Rhetorik als etwas Einmaliges erkennen, nicht als etwas Hohles, Übertriebenes, wie es oft scheint, scheinen muß, sondern als ein ungeheures Gefälle vom Denken zur Welt hin, als die Leidenschaft der Denkkraft selbst, die überzeugen will, ohne die Klarheit zu verlieren, die das Differenzierteste im Einfachen verkörpern will. Populär, ist er dennoch der schwierigste, der unzugänglichste, der widersprüchlichste der Dramatiker. Keiner ist so schwer zu bewerten wie er, keiner so schwer anzusiedeln, bei keinem liegen die Fehler so sichtbar wie bei ihm, und bei keinem sind sie so unwesentlich, er wächst, indem man sich mit ihm beschäftigt, vom Fernen ins Nahe. (26/99)

Krieg

Selbst der Krieg wird abhängig davon, ob die Elektronen-Hirne sein Rentieren voraussagen, doch wird dies nie der Fall sein, weil man weiß, gesetzt die Rechenmaschinen funktionieren, daß nur noch Niederlagen mathematisch denkbar sind: wehe nur, wenn Fälschungen stattfinden, verbotene Eingriffe in die künstlichen Hirne, doch auch dies wäre weniger peinlich als die Möglichkeit, daß eine Schraube sich lockert, eine Spule in Unordnung gerät, ein Taster falsch reagiert: Weltuntergang aus technischem Kurzschluß, Fehlschaltung. So droht kein Gott mehr, keine Gerechtigkeit, kein Fatum wie in der fünften Symphonie, sondern Verkehrsunfälle, Deichbrüche infolge Fehlkonstruktion, Explosion einer Atombombenfabrik, hervorgerufen durch einen zerstreuten Laboranten, falsch eingestellte Brutmaschinen. In diese Welt der Pannen führt unser Weg. (21/39)

Kritik

Ein bloßes Lob oder ein Verriß stellen noch keine Kritik dar, sie sollte auch begründet sein. Man staunt, wie selten, oft gerade berühmte, Kritiker zu begründen wissen. Sie schreiben nur gut. Es steckt hinter ihrer Kritik nichts als ihre kulinarischen Vorurteile. Sie lieben die französische Küche oder deutsche Hausmannskost, ziehen russischen Salat vor oder amerikanische Konserven. Ihre Kritik ist ein Spiegel ihrer Persönlichkeit und nicht des Kritisierten. Ihre Begründungen sind glänzend polierte Geschosse, die sie abfeuern, ohne zu zielen, und die nur in der Einbildung des Publikums treffen. (25/92)

Das Wesen der Kritik liegt nun einmal darin, daß sie begründete Urteile über eine Sache abzugeben hat. Nachdenken wird leider zur Pflicht. Eine gewisse intellektuelle Anstrengung ist für den Kritiker obligatorisch. Der Autor muß ernst genommen werden, damit er beim Wort genommen werden kann. Der Kritiker muß sich unerbittlich einer Methode unterwerfen, auch wenn sie unbequem ist. Er muß das Spiel des Autors gleichsam nachspielen. Nur so lassen sich die Spielzüge des Autors überdenken, nur so können sie als falsch oder richtig erkannt werden. Der Kritiker hat seine Autorität von Fall zu Fall zu beweisen, er steht unter dem Gesetz seines Berufs. Das ehrliche und notwendige Duell zwischen dem Kritiker und dem Autor hat sich auf dem Felde abzuspielen, das durch das Stück abgesteckt ist, um das es geht, sonst wird Kritik dilettantisch. (6/161)

Kunst

Daß Kunst ohne Objekt, daß ihr Ziel in ihr und nicht außer ihr zu suchen sei, ist eine unmögliche Forderung, liegt doch ihr Wert nicht in ihrem Ziel, sondern stets im Wagnis, ihr Ziel, die Objekte, die Welt zu erobern: Im Weg, nicht im Ausgangspunkt oder in der Ankunft, durchaus in ihrem Gefälle, so wie ein Fluß nur dadurch ist, weil er fließt, noch besser, so wie der Sinn der Schiffahrt, ihr Wesen, darin besteht, in See nach einem fremden Hafen zu stechen, und nicht in den Regeln, auf festem Land eine Galeere zu bauen oder auf einer fernen Insel einzukaufen. Die Kunst der Navigation, des Steuerns, macht sie groß oder gering. Dies ist das Abenteuer, das ihr aufgegeben worden ist und das zu bestehen ihre Würde ausmacht. Kunst ist Welteroberung, weil Darstellen ein Erobern ist und nicht ein Abbilden, ein Überwinden von Distanzen durch die Phantasie. (Es gibt keine andere Überwindung von Distanzen, keine andere Fahrt zum Mond, genauer, zur Beteigeuze oder zum Antares, noch exakter: keine andere Überwindung des Abgrunds zwischen den Dingen als durch die Phantasie.) Kunst ist Mut, dies immer wieder zu tun, Beharrlichkeit, nicht abzulassen, Ursprünglichkeit, zu sehen, daß die Welt immer von neuem entdeckt und erobert werden muß. Denn nur dann ist unser Dasein eine Gnade oder ein Fluch und nicht bloß eine mechanische Existenz, wenn wir in ihm die Welt in *jedem* Augenblick gewinnen oder verlieren können. Die Krise der Kunst kann nur darin liegen, daß die Meinung aufkommt – und in welcher Zeit kommt sie nicht auf –, die Welt sei schon entdeckt oder erobert, wenn statt dessen aus der Kunst etwas Statistisches wird, etwa eine Bestandesaufnahme, oder etwas Erklärendes, etwa eine Illustration, oder gar etwas Nützliches, gut für trauliche Stunden am Kamin, zur Verführung einer Frau, zur Verschönerung einer Augustfeier oder zur Bekränzung eines Weltmetzgers. (32/147 f.)

Eine rein bewußte Kunst gibt es ebensowenig wie eine rein instinktive. (30/126)

Die Frage ist, ob eine Kunst, die einmal stimmte, auch heute noch möglich ist. Sie ist nie wiederholbar, wäre sie es, wäre es töricht, nun nicht einfach mit den Regeln Schillers zu schreiben.   (30/59)

Kunst und Wirklichkeit

1 Jedes Kunstwerk stellt einen Aspekt der Wirklichkeit dar.

2 Die Wirklichkeit ist das Objektive, das Darstellen und der Aspekt sind das Subjektive.

3 Jedes Kunstwerk stellt auf eine subjektive Weise einen subjektiven Aspekt der Wirklichkeit dar.

4 Könnte ein Kunstwerk die Wirklichkeit abbilden, wäre es objektiv (als etwas Passives), weil ein Kunstwerk die Wirklichkeit nur darstellen kann, ist es subjektiv (als etwas Aktives).

5 Jedes Kunstwerk ist subjektiv.

6 Die Wirklichkeit, die ein Kunstwerk darstellt, ist eine ›subjektive Wirklichkeit‹.

7 Jede ›subjektive Wirklichkeit‹ ist in der Wirklichkeit enthalten.

8 Es ist unmöglich, daß ein Kunstwerk aus der Wirklichkeit fällt.

9 Die Aufgabe der Gesellschaft ist es, ihre Wirklichkeit im Kunstwerk zu entdecken.

10 Die Wirklichkeit der Gesellschaft ist die politische Struktur, in der sie lebt.

11 Jede politische Struktur läßt sich von zwei Seiten aus darstellen: von jener der Mächtigen und von jener der Ohnmächtigen aus.

12 Die Furcht vor dem Kunstwerk ist bei den Mächtigen eine doppelte: daß die Ohnmächtigen entweder in ihm ihre Beherrscher oder in ihm sich selber als Beherrschte entdecken.

13 Jedes Kunstwerk kann politisch wirksam werden [und] sich in ein politisches Gleichnis verwandeln.

14 Im Erleben eines Kunstwerks als politisches Gleichnis wird jenes für den, der es erlebt, mit der politischen Wirklichkeit gleichgesetzt.

15 Ob und wie ein Kunstwerk politisch wirksam wird, hängt von der Gesellschaft ab.

16 Ob und wie ein Kunstwerk politisch wirksam wird, ist nicht vorauszubestimmen.

17 Je unabsichtlicher ein Kunstwerk politisch wirksam wird, desto stärker wirkt es politisch.

18 Absichtlich politische Kunst wird am leichtesten politisch wirkungslos.

19 Ein Schrei ist kein Gedicht.

20 Jedes Kunstwerk braucht zu seinem Inhalt Distanz.

21 Ist sein Inhalt Empörung, ist seine Distanz Versöhnung.

22 Ist sein Inhalt Versöhnung, ist seine Distanz Empörung.

23 Ist sein Inhalt Trauer, ist seine Distanz Trost.

24 Ist sein Inhalt Trost, ist seine Distanz Trauer.

25 Ist sein Inhalt eine Tragödie, ist seine Distanz die Komödie.

26 Ist sein Inhalt eine Komödie, ist seine Distanz die Tragödie.

27 Ist sein Inhalt Verzweiflung, ist seine Distanz Glück.

28 Die Verzweiflung kennt keine Distanz.

29 Es gibt kein verzweifeltes Kunstwerk.

30 Distanz wird durch den Humor möglich.

31 Der Humor ist die Maske der Weisheit.

32 Maskenlos ist die Weisheit unerbittlich.

33 Der Humor macht das Unerbittliche erträglich.

34 Das unerbittlich Unerträgliche ist nicht weise.

35 Für die Kunst gibt es nur Menschen.

36 Für die Politik gibt es nur die Menschheit.

37 Nur Menschen können glücklich sein.

38 Die Menschheit kann sowenig wie eine Zahl oder eine Gerade glücklich sein.

39 Das Ziel der Politik vermag nur etwas Selbstverständliches, nie das Glück zu sein.

40 Wer in der Politik das Glück sucht, will herrschen.

41 Für den Zustand der Menschheit, wie er selbstverständlich sein sollte, ist eine Wissenschaft denkbar.

42 Eine Ideologie ist keine Wissenschaft.

43 Das Selbstverständliche ist die denkbar vernünftigste Struktur, in welcher die Menschen zusammen leben sollten.

44 Es sind zwei Strukturen wissenschaftlich denkbar: eine, die durch Naturgesetze, und eine andere, die durch Regeln bestimmt wird.

45 Welche der beiden Strukturen die Menschen wählen werden, hängt vom Grade ihrer Rationalität ab. Je irrationaler der Mensch ist, desto mehr neigt er einer naturgesetzlichen Struktur zu.

46 Die Menschen neigen dazu, eine naturgesetzliche Struktur anzunehmen.

47 Die Katastrophen werden immer größer, die Verbrechen immer schrecklicher und die Gesetze immer drakonischer.

48 Bei keinem der beiden Systeme ist das Glück des Menschen garantiert.

49 Wer Ideologien zerstört, zerstört Rechtfertigungen von Gewalt.

50 Gewalt widerlegt nicht Gewalt, sie ersetzt im besten Falle eine Gewalt durch eine andere.

51 Die Politik erlaubt fragwürdige Prognosen.

52 Optimismus und Pessimismus sind fragwürdige Prognosen.

53 Ein Kunstwerk kennt keine fragwürdigen Prognosen.

54 Wo der Mensch mit der Menschheit eins wird: in der einzigen sicheren Prognose: im Tod.

55 Jedes Kunstwerk ist apokalyptisch.
(34/160 ff.)

Liebe

Die Liebe wird zum hoffnungslosen Versuch, sich selbst zu entkommen, sich in einem anderen zu sehen. So hat denn jede Liebesgeschichte, auch die erhabenste, auch die gewöhnlichste, auch die groteskeste, auch die jämmerlichste, etwas Grandioses und Banales zugleich und ist um so trauriger, je banaler sie endet, auch wenn jedermann aufatmet, daß der gute Mann oder die gute Frau oder das gute Mädchen aus ihrer unglücklichen Liebe davongekommen sind: auch wenn die Liebe unglücklich war, war sie eben doch eine Liebe. Der Umstand, daß jede Liebe eine Prüfung vor sich selbst ist, wechselseitig, bei der die Beteiligten durchfallen oder, wenn sie nicht durchfallen, die sie doch nur mit Mühe bestehen, mit Glanz nur die Heiligen, ist nun einmal das Genierlichste und das Beste, was sich vom Menschen sagen läßt: daß der Mensch die Liebe überhaupt wagt, ist sein paradoxer Ruhm.   (14/138)

Die Liebe ist ein Wunder, das immer wieder möglich, das Böse eine Tatsache, die immer vorhanden ist. Die Gerechtigkeit verdammt das Böse, die Hoffnung will bessern, und die Liebe übersieht. Nur sie ist imstande, die Gnade anzunehmen, wie sie ist. Es gibt nichts Schwereres, ich weiß es. Die Welt ist schrecklich und sinnlos. Die Hoffnung, ein Sinn sei hinter all dem Unsinn, hinter all diesen Schrecken, vermögen nur jene zu bewahren, die dennoch lieben. (22/149)

Literatur

Als Schriftsteller mache ich zwar Literatur, aber kenne mich immer weniger darin aus; besonders über die Wissenschaft, die sich mit Literatur abgibt, bin ich nur vage orientiert. Soviel ich sehe, hat sie sich einerseits zu einer solchen Erhabenheit und Selbständigkeit entwickelt, daß sie eigentlich mit zwei bis vier Klassikern auskommt, neue Literatur stört eigentlich. Gewiß, man ist wohlwollend dem Unwesentlichen gegenüber, aber der Riesendom der Literatur ist errichtet und vollendet. Dieser Literaturkirche steht anderes, mehr Sektenhaftes gegenüber, das Blickfeld reicht von Benn bis Ionesco; in diesen Geheimbünden ist der moderne Mensch schon überwunden. Doch auch in diesen Kreisen scheint mir die Literaturwissenschaft größer als die Schriftstellerei geworden zu sein, die ihr zugrunde liegt, ja, ich möchte eigentlich vorschlagen, wäre ich Literaturkritiker, die Literatur endlich fallen zu lassen, um zur Literaturwissenschaft an sich zu kommen. Jener Weise, der nach der Lektüre des Telephonbuches ausrief »Die Handlung ist zwar gleich null, aber, Junge, welch Personenverzeichnis!« scheint mir sympathisch.   (26/75)

Die Meinung, Literatur entstehe aus Literatur, ist unausrottbar. Begreiflicherweise. Die Literatur als ein Geschehen zu sehen, das sich nach immanenten Gesetzen entwickelt, in welchem ein Stil den andern hervorbringt und ein Dichter den anderen, hat viel Bestechendes. Diese Annahme mag denn auch für die Literaturwissenschaft notwendig sein – und sei es nur als Arbeitshypothese –, der Schriftsteller geht ihr aus dem Weg. Er fühlt sich nicht als Resultat einer historischen Entwicklung. Er steht in der Literatur und nicht ihr gegenüber. Er ist weniger ein Erkennender als ein Handelnder. Er muß die Literatur vergessen, soll sie ihn nicht lähmen. Sein Vorrecht ist Ungerechtigkeit den Vorfahren und den Kollegen gegenüber. Brecht kann ihn unsäglich langweilen und irgendein längst verschollener, unspielbarer Dramatiker maßlos aufregen, alles ist da möglich, das Absurdeste kann seiner eigenen Produktion dienlicher sein als das Vernünftigste, Gesicherte.

Doch vor allem wird ihn nicht die Literatur, sondern die Welt beschäftigen, in der er nun einmal lebt, durch jede Nachricht, die er von ihr erhält, durch jede Zuckung ihrer unermeßlichen Vitalität, dermaßen und so eindringlich, daß ihr gegenüber literarische, artistische Fragen sekundär erscheinen: Die Welt allein liefert den Stoff, den es in Literatur umzumünzen gilt.   (24/84)

Macht

Je mehr sich die Welt der Geschäfte und damit der Bereich ihrer Begriffe zerstört, die kapitalistische Welt also – wogegen ich nicht das geringste habe –, je mehr wir in den Bereich der sozialistischen Sprache geraten, was unvermeidlich erscheint, desto mehr läuft die Welt Gefahr, den Begriffen zu unterliegen, die von der absoluten Macht verwendet werden können. Wir vergessen allzuleicht, daß nicht nur Geld Macht verleiht, sondern auch Begriffe Macht verleihen, daß die absolute Macht das größte Geschäft ist und daß die Macht dann erst absolut ist, wenn sie über ein absolutes Begriffssystem verfügt, über eine absolute Ideologie.   (35/101 f.)

Aus Hitler und Stalin lassen sich keine Wallensteine mehr machen. Ihre Macht ist so riesenhaft, daß sie selber nur noch zufällige, äußere Ausdrucksformen dieser Macht sind, beliebig zu er-

82

setzen, und das Unglück, das man besonders mit dem ersten und ziemlich mit dem zweiten verbindet, ist zu weitverzweigt, zu verworren, zu grausam, zu mechanisch geworden und oft einfach auch allzu sinnlos. Die Macht Wallensteins ist eine noch sichtbare Macht, die heutige Macht ist nur zum kleinsten Teil sichtbar, wie bei einem Eisberg ist der größte Teil im Gesichtslosen, Abstrakten versunken.   (30/59)

Malerei

Malen als Porträtieren ist ein Erleben, nicht ein Fotografieren, mehr einem Erinnern vergleichbar als einem Abbilden. Zu den Dokumenten der Apparate über den Menschen brauchen wir die Zeugnisse der Menschen von Menschen. Das Konkrete ist das Primäre, das Abstrakte das Sekundäre. Die Welt ist im Konkreten enthalten, im Abstrakten als Erscheinung eliminiert, aber als Form rekonstruiert. Das Konkrete des Menschen ist seine Individualität, seine Einmaligkeit. Die Trift, in die unser Denken geraten ist, zwangsläufig, liebt das Individuelle nicht. Unsere Zeit ist zur Abstraktion genötigt (wissenschaftlich, ökonomisch, politisch). Sie braucht das Berechenbare, muß endlich zu planen lernen. Das Individuelle ist unberechenbar, störend, aber vorhanden. Die Malerei kann die Tendenz der Zeit wiederholen oder sich ihr widersetzen, aber sie kann ihr nicht entfliehen. Es gibt auch bei ihr kein

Zurück zu Mozart. Die Malerei kann abstrakt oder konkret sein, aber nicht mehr romantisch. Sie kann nur noch auf ein Allgemeines, auf Gesetze und Formen zielen oder auf ein Individuelles. Das Individuelle ist nur dann romantisch und damit bürgerlich, wenn es sich als etwas Absolutes setzt und nicht als einen dialektischen Gegenzug begreift, den eine notwendige Konstellation erzwingt. Das Individuelle und damit das Konkrete als Ziel der Malerei ist heute nur noch als eine notwendige Opposition möglich, als Korrektiv zur Tendenz der Zeit, damit diese nicht unmenschlich werde. Das Individuelle, als Idylle oder als Anarchismus verstanden, ist nichts als eine überflüssige Reaktion gegen die Zeit.
(32/178 f.)

Mensch

Wir kennen die ersten drei Minuten der Geschichte des Weltalls besser als die ersten drei Millionen Jahre der Geschichte des Menschen. Nur allzu natürlich: Die Menschen, nicht die Gestirne sind unberechenbar.

Als Organisation von Materie betrachtet, ist weder eine Milchstraße noch ein Quasar, weder der Rote Überriese Aldebaran noch der Gelbe Zwerg, den wir unsere Sonne nennen, sondern der Mensch das komplizierteste Gebilde der uns bekannten Welt, sowohl in seinem Aufbau als auch in seinen ineinandergreifenden chemischen Prozessen oder in seinem Reagieren auf äußere Reize: dieses Wesen, zoologisch als homo sapiens schon längst keine Rarität mehr, zusammengesetzt aus einer Unzahl von Riesenmolekülen, die sich zu Zellen verbanden, diese wiederum aufeinander abgestimmt und durchfunktioniert, aus dem genetischen Code einer einzigen Zelle zusammengewachsen, gesteuert von der überaus vertrackten materiellen Struktur seines Gehirns, das sein Bewußtsein, sein Denken, sein logisches Schließen hervorbringt, aber auch sein Unbewußtes, seine Instinkte bestimmt, seine unberechenbaren Emotionen und Aggressionen, ja, seine ungeheuerliche Irrationalität, der gegenüber das Tier gleichsam als rationales Wesen erscheint. Und wenn wir erst die Vielschichtigkeit der Menschheit als Ganzes in Betracht ziehen, diesen Überorganismus eines Überorganismus, der sich immer wieder mörderisch und sinnlos gegen sich selbst wendet, so sind, was wir als geschichtliche Gesetzmäßigkeiten ausgeben, seien sie nun sozial, ökonomisch, psychologisch oder gar irrational, im besten Fall Erklärungsversuche unvollkommener Statistiken und Vermutungen, die nur vage Voraussagen zulassen, im schlimmsten Fall bloß ästhetisch bedingte Kapitelüberschriften eines Abenteuerromans, den wir Weltgeschichte nennen: Nicht weil der Mensch und die Menschheit ›an sich‹ irrational wären, sondern weil sie ›an sich‹ nicht deutbar sind. Derselbe Sokrates, der, wie der Delphische Apoll, forderte, man solle sich selbst erkennen, gab zu, nur zu wissen, daß er nichts wisse. (28/58 f.)

Der Mensch ist keine Rechnung, die aufgeht, keine Formel, die sich niederschreiben ließe, er ist ein Geheimnis, und weil er als Geheimnis angelegt ist, sind wir genötigt, so zu tun, als ob der Mensch darstellbar wäre. Wir spielen auf der Bühne aus einem Mangel heraus, wir sind zur Fiktion gezwungen, auf diesem Zwang ruht unser Theater, jedes Theater, unsere Kultur, jede Kultur, ja, sehen wir genauer, unsere Gesellschaft, jede Gesellschaft. Die Wahrheit läßt sich nicht spielen, wir können nur wahr spielen, so wie wir ja auch nicht richtig zu handeln vermögen, sondern nur aufrichtig, fair: Daß wir diese Selbstverständlichkeiten unterlassen, macht die Bühne, die Welt immer wieder zur Schmiere. (30/122)

Moral

Wir machen alle mit, auch der Schreibende, ob wir nun mit der Welt zufrieden sind, in der wir stecken, oder gegen sie protestieren, Pläne entwerfen, sie zu ändern, uns engagieren, politischen Parteien beitreten oder gar welche gründen, die sie ändern wollen, usw. Wir machen mit, weil wir *sind*, verstrickt nicht nur durch unzählige gesellschaftliche, kulturelle, politische und wirtschaftliche Fäden mit der Welt als Ganzem, sondern auch als Angehörige eines Staates, den wir als Ganzes nicht zu überblicken vermögen, als Teile eines Volkes, das uns nach außen prägt, ob wir wollen oder nicht, auch als Glieder einer Gemeinde, die in anderen Gemeinden aufgeht, oder als Angestellte irgendeiner Firma, die ihrerseits wieder mit anderen Firmen verquickt ist: das Knäuel ist unentwirrbar, nur Theorien über das Durcheinander der Fäden existieren, eine Handvoll Fakten, das meiste ist nur vage zu vermuten.

Wir machen unfreiwillig mit, sei es auch unter Protest, treiben im Strom der Zeit dahin.

Mitmachen muß nicht von vornherein negativ sein. Wir unterscheiden: Wir machen mit, weil wir von der Notwendigkeit dessen überzeugt sind, bei dem wir mitmachen = ein moralisch positives Mitmachen. Wir machen mit, obgleich wir von der Notwendigkeit dessen nicht überzeugt sind, bei dem wir mitmachen = ein moralisch negatives Mitmachen. Ist der positive Mitmacher engagiert von der Sache her, bei der er mitmacht, so ist der negative Mitmacher nicht engagiert, obgleich er mitmacht, sein Mitmachen ist ein Mitgehen, ein Nachgeben, ist eine Schwäche, ein Mangel an moralischer Position. Ist der positive Mitmacher aktiv, so der negative Mitmacher passiv. Ist es beim positiven Mitmacher entscheidend, daß er die Sache, bei der er mitmacht, als etwas Notwendiges erkennt, als etwas Gutes (weshalb es denn gleichgültig ist, ob diese Sache ›an sich‹ auch notwendig sei oder nicht, gut oder schlecht, das Werturteil über sein Mitmachen liegt nur im Glauben an seine Erkenntnis, ob er diesen habe oder nicht, und nicht daran, ob seine Erkenntnis ›an sich‹ richtig sei oder nicht – es gibt auch getäuschte positive Mitmacher), so spielt die Erkenntnis oder das Verkennen der Sache, bei der einer mitmacht, beim negativen Mitmacher keine Rolle: er macht nicht der Sache, sondern sich zuliebe mit. Das negative Mitmachen ist ein Sich-nicht-Kümmern um die Erkenntnis (die auf die Sache gerichtet ist, bei der man mitmacht), auch ein Nichtverwirklichen der Erkenntnis, ein nicht nach der Erkenntnis Handeln, ein Handeln wider die Erkenntnis, daß die Sache, bei der man mitmacht, nicht nur nicht notwendig, sondern sogar schlecht ist. Endlich ein In-den-Wind-Schlagen des Glaubens, insofern es ohne Glauben an die Erkenntnis kein Aneignen der Erkenntnis gibt (weil es keine nackte Erkenntnis gibt). Natürlich gibt es auch ein negatives Mitmachen aus Bequemlichkeit: so einer macht mit, ohne zu denken, weil die Sache, bei der er mitmacht, gerade Mode ist usw. Aber der eigentlich negative Mitmacher in seiner bedenklichsten Form ist der Intellektuelle, der trotzdem mitmacht. Dieser Intellektuelle braucht durchaus kein ›Fachidiot‹ zu sein (was ihn noch entschuldigen würde); entscheidend ist, daß ihm das moralische Sensorium fehlt. Dieser Mangel ist das eigentlich Nihilistische an ihm; daß einer entgegen seiner Erkenntnis handelt oder nicht handelt, ist für jene unverständlich, die der Meinung sind, auf die Erkenntnis des Notwendigen folge auch seine Verwirklichung. Wäre das so, wäre die Welt anders, Moral, wagt man überhaupt dieses Wort noch zu gebrauchen, nicht klischeehaft, als ein sinnloses Vollziehen angeblicher Gesetze – die keine sind, werden sie als Gesetze genommen und nicht als Einsichten –, Moral ist nicht schon die Erkenntnis des Notwendigen. Moral ist das Verwirklichen dieser Erkenntnis. (14/105 ff.)

Nationen

Das Schicksal der Menschen wird davon abhängen, ob sich die Politik endlich bequemt, das Leben eines jeden heilig zu nehmen, oder ob die Hure weiterhin für jene auf die Straße geht, denen nichts heilig ist. Die Dame muß sich entscheiden. Was die Staatsmänner, auf die es heute ankommt, mit ihr treiben, ist ein Hohn, welcher der Vernunft die Schamröte ins Gesicht treibt und der alle jene in ständige Furcht versetzt, auf die es nie ankommt: Auf die übrigen Milliarden, die diesen Planeten bewohnen. Die sture Ungerechtigkeit der Politik, mit der sie sich über jeden Einzelnen hinwegsetzt, indem sie nach der ewigen Weise der Dummköpfe nur als wirklich ansieht, was eine Abstraktion ist, die Nationen nämlich, denen sie alle jene Beweggründe in die Schuhe schiebt, die der Einzelne nie hat, verhindert endlich, ihr gegenüber immer noch nachsichtig zu sein und mit Engelszungen zu reden. Es gilt jetzt vor allem, von dem nichts zu verstehen und nichts zu begreifen, was sich da abspielt; der Unsinn der heutigen Politik ist allzu deutlich. Die Art, wie man auf beiden Seiten mit einem dritten Weltkrieg spielt, läßt sich, da ein Krieg nicht nur ein wahnwitziges Verbrechen ist, sondern auch eine ebenso große Dummheit, mit nichts mehr entschuldigen. (34/15)

Sätze für Zeitgenossen

Daß Dummheit schadet, ist ein eminent politischer Satz.

Die Menschheit hat eine Diät nötig und nicht eine Operation.

Daß man schon wieder an Kriege denkt, muß doch auch an den Politikern liegen.

Nicht jeder verdient die Freiheit, der Geld verdient.

Wer einen Diktator einen Dämon nennt, verehrt ihn heimlich.

Daß es nicht öfter donnert, ist ein Wunder.

Ich bin eigentlich nur dann vom Weltuntergang überzeugt, wenn ich Zeitungen lese.

Ich finde die Methode, mit der sich die Menschheit umzubringen anschickt, nicht mehr originell.

Daß so wenige rot werden, wenn sie von der Freiheit reden, ist kein gutes Zeichen.

Es wird immer schwieriger werden davonzukommen.

Von den Idealen redet man so viel, weil sie nichts kosten.

Mit den ungeborenen Enkeln pflegt man oft alles zu entschuldigen.

Wenn die Russen auch noch das Pulver erfinden, ist der Friede gesichert.

Nichts kommt die Menschheit teurer zu stehen als eine billige Freiheit. Oft ist es Pflicht, boshaft zu sein.

Das Beste an der heutigen Weltlage ist noch, daß die Schriftstellerei wieder anfängt, gefährlich zu werden. (28/11)

Sätze über die Schweiz

Mich warf der Zweite Weltkrieg auf mich selber zurück: ins Gefängnis meiner selbst. In das Gefühl, aus der Welt gesperrt zu sein. Politisch hielt ich mich nie von der Armee beschützt. Die Schweiz war von der Weltgeschichte vergessen worden, das war alles. Die Schweiz kam mir absurd vor. Ich erinnere mich, daß ich einmal an einem Aufsatz herumschrieb, *Vom Ende der Schweiz*. Ich vermag es mir gut vorzustellen. Die Schweiz, die sich in Europa einfach auflöst. Nicht durch einen Krieg, sondern durch die Wirtschaft, weil sie nicht mehr rentiert. Weil es zu viele Nachteile mit sich bringt, Schweizer zu sein. Aber ich leide nicht darunter, Schweizer zu sein. (29/75)

Vom Verhältnis der Schweiz zur Bundesrepublik ist nur dialektisch zu reden. Der eine Nachbar ist ein Resultat des Davonkommens, der andere eines des Zusammenbruchs; der eine richtete sich ein, der andere wurde eingerichtet; bei beiden ist viel schlechtes Gewissen im Spiel, kommen sie aufeinander zu reden. Der eine wirft dem anderen vor, ein Held, der andere dem anderen, keiner gewesen zu sein; der eine bildet sich nachträglich ein, doch einer gewesen zu sein, indem der andere es nur nicht gewagt hätte, ihn anzugreifen; der andere beklagt sich über den anderen, Geschäfte gemacht statt gelitten zu haben. Zugegeben, das sind Nuancen des intimeren Zusammenlebens, mitteleuropäische Bettgespräche. (34/127)

Der schweizerische Honorarkonsul führte uns auf langen Fahrten mit seinem Wagen kreuz und quer durch Puerto Rico. Die Insel ist hügelig. Da der Honorarkonsul und ich Emmentaler sind, kam uns die Landschaft wie ein etwas tropisch verfremdetes Emmental vor. Wir waren beide stolz. Nicht auf Puerto Rico, sondern auf das Emmental. (34/95)

Nun ist es gar nicht so leicht, wie man glaubt, Schweizer zu sein, die Position ist zwar eine Ausnahme-Position und steht als Paß hoch im Kurs, aber gleichzeitig kommt dieser Position etwas wenn nicht Genierliches, so doch Komisches zu, und es braucht vor allem eine Tugend, die wir meistens nicht besitzen, nämlich Selbsthumor, um diese Position unbeschadet zu überstehen. (32/116)

Die Größe Gotthelfs besteht darin, daß er nicht korrigierte, nichts zurücknahm. So sind auch die Methoden, die Schreibtechniken, individuell. Einige konzipieren sorgfältig, andere flüchtig, wieder andere überhaupt nicht. Doch muß die Sprache einleuchten; ihre Evidenz ist das Entscheidende, wird es für einen Schweizer oft schwierig zu schreiben: Er traut der Evidenz seiner Sprache nicht, er verfällt zu leicht dem Vorurteil, seine Schreibsprache sei von seiner ›Sprechsprache‹ beeinflußt, vom Schweizerdeutschen, das er redet. Er hält die Sprache, die er zu schreiben versucht, für etwas Objektives, Erlernbares, der Schule, dem Duden Unterstehendes, er wagt seine Sprache nicht, die Sprache wird damit für ihn das, was sie nicht sein sollte, nicht ein Ausdruck seines Charakters, seiner Denkkraft, seiner Freiheit endlich, sondern ein Ergebnis seiner Dressur und seiner Unfreiheit, die im kulturellen Minderwertigkeitsgefühl wurzelt, das ihm, ohne daß er es zugibt, als Schweizer, als Nichtdeutscher, als Kleinstaatler allzuleicht anhaftet. Seine Sprache wird unbeholfen oder gekünstelt, papieren oder schöngeistig, goethisch oder virtuos, indem er gekonnt gleich alle Stile nachahmt, oder was auch immer, er verdrängt die Spannung zwischen seiner Mundart und der Schriftsprache, statt sie auszunutzen, statt die Sprache, die er schreibt, durch die Evidenz zu bereichern, die er unmittelbar empfindet, weil sie seinem Mittelhochdeutsch entstammt. Diesem Irrtum war auch ich verfallen, es brauchte Jahre, ihn zu überwinden. (29/163 f.)

Platon erzählt gegen Ende seiner *Politeia*, daß nach dem Tode die Seele eines jeden das Los zu einem neuen Leben wählen müsse: »Zufällig aber habe die Seele des Odysseus das allerletzte Los erhalten und sei nun herangetreten, um zu wählen. Da sie aber in Erinnerung an ihre früheren Mühsale allen Ehrgeiz aufgegeben hatte, sei sie lange Zeit herumgegangen und habe das Leben eines zurückgezogenen, geruhsamen Mannes gesucht und gerade noch irgendwo eines gefunden, das die anderen unbeachtet hatten liegen lassen. Und als sie dies entdeckt hatte, habe sie gesagt, sie würde ebenso gehandelt haben, wenn sie das erste Los bekommen hätte, und habe es mit Freude gewählt.« Ich bin sicher, Odysseus wählte das Los, ein Schweizer zu sein.   (36/187f.)

Schreiben

Unterhaltungsliteratur

Daß der Mensch unterhalten sein will, ist noch immer für den Menschen der stärkste Antrieb, sich mit den Produkten der Schriftstellerei zu beschäftigen. Indem sie den menschlichen Unterhaltungstrieb einkalkulieren, schreiben gerade große Schriftsteller oft amüsant, sie verstehen ihr Geschäft. (32/59)

Geschichten erzählen

Gibt es noch mögliche Geschichten, Geschichten für Schriftsteller? Will einer nicht von sich erzählen, romantisch, lyrisch sein Ich verallgemeinern, fühlt er keinen Zwang, von seinen Hoffnungen und Niederlagen zu reden, durchaus wahrhaftig, und von seiner Weise, bei Frauen zu liegen, wie wenn Wahrhaftigkeit dies alles ins Allgemeine transponieren würde und nicht viel mehr ins Medizinische, Psychologische bestenfalls, will einer dies nicht tun, vielmehr diskret zurücktreten, das Private höflich wahren, den Stoff vor sich wie ein Bildhauer sein Material, an ihm arbeitend und an ihm sich entwickelnd und als eine Art Klassiker versuchen, nicht gleich zu verzweifeln, wenn auch der bare Unsinn kaum zu leugnen ist, der überall zum Vorschein kommt, dann wird Schreiben schwieriger und einsamer, auch sinnloser, eine gute Note in der Literaturgeschichte interessiert nicht – wer bekam nicht schon gute Noten, welche Stümpereien wurden nicht schon ausgezeichnet –, die Forderungen des Tags sind wichtiger. (21/37)

Stoffe

Wie formt der Schriftsteller die Welt, wie gibt er ihr ein Gesicht? Indem er entschieden etwas anderes betreibt als eine Philosophie, die vielleicht nicht mehr möglich ist. Indem er entschieden den Tiefsinn fahren läßt, indem er die Welt als Materie verwendet. Sie ist der Steinbruch, aus dem der

103

Schriftsteller die Blöcke zu seinem Gebäude schneiden soll. Was der Schriftsteller treibt, ist nicht ein Abbilden der Welt, sondern ein Neu-schöpfen, ein Aufstellen von Eigenwelten, die dadurch, daß die Materialien zu ihrem Bau in der Gegenwart liegen, ein Bild der Welt geben. Was ist nun eine Eigenwelt? Das extremste Beispiel: *Gullivers Reisen*. Alles in diesem ist erfunden, es ist gleichsam eine Welt neuer Dimensionen er-stellt worden. Doch durch die innere, immanente Logik wird alles wieder zu einem Bilde unserer Welt. Eine logische Eigenwelt kann gar nicht aus unserer Welt fallen. Das ist ein Geheimnis: die Übereinstimmung der Kunst mit der Welt. Wir haben allein am Stoffe zu arbeiten. Das genügt. Stimmt der Stoff, wird auch das Werk stimmen. Hat dies der Schriftsteller begriffen, wird er sich auch vom Privaten abwenden, die Möglichkeit einer neuen Objektivität, einer neuen Klassik, wenn Sie wollen, eine Überwindung der Roman-tik wird sich ihm auftun. (32/67 f.)

Engagement

Eine Binsenwahrheit kann etwas Erschreckendes sein, ein Ausdruck einer plötzlichen tiefen Erkenntnis oder etwas Banales; es kommt nur darauf an, aus welchem Gesamten die Aussage kommt. Immer ist das Gesamte, der Hintergrund wichtiger als der einzelne Satz, die einzelnen Sätze, die Kinder den Mütterlichen, damit sie gedeihen, die Wagen den guten Fahrern, damit gut gefahren wird, und das Tal den Bewässerern, damit es Frucht bringt, kann ungefähr jeder behaupten, jeder Kapitalist, jeder Kommunist, ein Kolonist, ein Pestalozzi und ein Bert Brecht. Es kommt allein darauf an, aus welcher Welt es gesprochen wird, ob es zur Banalität wird oder nicht, und banal wird es in dem Augenblick, wenn ich mich als Schriftsteller in irgendeiner der heutigen Parteien engagiert habe. Ich weiß nun sehr genau, wie gefährlich dieser Satz sein kann und wie mißverständlich. Ich will damit nicht behaupten, der Schriftsteller solle nicht politisch sein, er kann heute nur politisch sein, aber gerade deshalb kann er keiner Partei angehören, sich nicht engagieren. Dies liegt in seinem Werk begründet, das nicht eine Ansammlung von mehr oder weniger richtigen Aussagen, Philosophien und Meinungen ist, sondern elementar etwas anderes. Jeder wirkt dann am meisten, wenn er das Seine treibt, der Dramatiker, wenn er Stücke schreibt. Dieser Akt des Schreibens nun, behaupte ich, ist etwas anderes als der Akt des Philosophierens oder der Akt der Empörung über Mißstände, Dummheiten, Bigotterien; wohlgemerkt: nur dieser Akt, nur die Stunden, in der er ganz Dramatiker ist und nichts anderes; was er daneben noch ist, was er glaubt, an was er sich hält, zu welcher Partei er läuft, ist seine Sprache, spielt in diesen Momenten des Schreibens keine Rolle … (26/80)

Der Standpunkt des Schriftstellers

Man kann heute die Welt nur noch von Punkten aus beobachten, die hinter dem Mond liegen, zum Sehen gehört Distanz, und wie wollen die Leute denn sehen, wenn ihnen die Bilder, die sie beschreiben wollen, die Augen verkleben? Der Einwand wird aufgeworfen, es sei unerlaubt, das zu schildern, was man nicht selber erlebt habe, als ob Leiden eine Art Monopol zum Dichten schüfe, aber war Dante in der Hölle? Darum müssen Sie sich jetzt auch einen Schriftsteller wie mich gefallen lassen, der nicht von dem redet, was er mit den Augen, sondern von dem, was er mit dem Geiste gesehen hat, der nicht von dem redet, was einem gefällt, sondern von dem, was einen bedroht. Ich bin ein Protestant und protestiere. Ich zweifle nicht, aber ich stelle die Verzweiflung dar. Ich bin verschont geblieben, aber ich beschreibe den Untergang; denn ich schreibe nicht, damit Sie auf mich schließen, sondern damit Sie auf die Welt schließen. Ich bin da, um zu warnen. Die Schiffer, meine Damen und Herren, sollen den Lotsen nicht mißachten. Er kennt zwar die Kunst des Steuerns nicht und kann die Schiffahrt nicht finanzieren, aber er kennt die Untiefen und die Strömungen. Noch *ist* das offene Meer, aber einmal werden die Klippen kommen, dann werden die Lotsen zu brauchen sein. (32/32)

Wie schreiben?

Die Forderungen, welche die Ästhetik an den Künstler stellt, steigern sich von Tag zu Tag, alles ist nur noch auf das Vollkommene aus, die Perfektion wird von ihm verlangt, die man in die Klassiker hineininterpretiert – ein vermeintlicher Rückschritt, und schon läßt man ihn fallen. So wird ein Klima erzeugt, in welchem sich nur noch Literatur studieren, aber nicht mehr machen läßt.

Wie besteht der Künstler in einer Welt der Bildung, der Alphabeten? Eine Frage, die mich bedrückt, auf die ich noch keine Antwort weiß. Vielleicht am besten, indem er Kriminalromane schreibt, Kunst da tut, wo sie niemand vermutet. Die Literatur muß so leicht werden, daß sie auf der Waage der heutigen Literaturkritik nichts mehr wiegt: Nur so wird sie wieder gewichtig.

(32/71f.)

Warum schreiben?

Ich werde immer wieder gefragt, warum ich eigentlich schreibe. Gerade diese Frage zeigt die Schwierigkeit meines Berufs. Sie wird gestellt, weil mein Beruf offenbar nicht als selbstverständlich genommen wird. Gebe ich nun eine selbstverständliche Antwort, etwa: ich schreibe, um mich und meine Familie durchzubringen, oder: um die Leute zum Lachen und, was ebenso wichtig ist: zum Ärgern zu bringen, wird der Frager ungehalten, denn er fragt, um etwas ganz anderes zu hören, etwa: daß ich aus einem inneren Drang heraus schreibe. Jedoch, Hand aufs Herz, wenn es nun auch stimmen würde mit dem ›inneren Drang‹, wer redet anständigerweise schon gerne davon. »Ich schreibe, um meine Familie durchzubringen« ist eine anständige Antwort. Doch haben wir damit die Schwierigkeiten der Schriftstellerei in der heutigen Zeit erst am Rande berührt, denn die Frage nach dem Sinn, nach dem Warum des Schreibens wird ja immer nur deshalb gestellt, weil sie mit der landläufigen Meinung Hand in Hand geht, der Schriftsteller müsse etwas zu sagen haben, wenn er schreibe. Und zu sagen hat nur der etwas, der etwas Außerordentliches zu sagen hat. Doch die Frage, warum einer schreibe, diese Frage des Normalbürgers wiederholt sich in veränderter Form in der Kritik, die nach der Aussage eines Stückes forscht. Gefragt nach dem Sinn meiner Stücke, antworte ich meistens, daß, wenn ich den Sinn meiner Geschichten wüßte, ich nur den Sinn hinschreiben würde, die die Aussage, und mir den Rest ersparen könnte. Behaupte ich nun damit, meine Komödien hätten keinen Sinn? Ich glaube nicht. Ich meine vielmehr Folgendes: Wenn wir etwa nach dem Sinn der Natur fragen, so wird uns der Naturwissenschaftler in der Regel ausweichen. Seine Aufgabe ist nicht, dem Sinn der Natur nachzuforschen, sondern der Natur selber, ihren Gesetzen, ihrer Verhaltensweise, ihrer Struktur. Mehr verrät die Natur nicht. Ihr Sinn kann nur außerhalb ihrer liegen, die Frage nach ihrem Sinn ist eine philosophische Frage. Ähnlich nun liegt es bei der Frage nach dem Sinn eines Theaterstückes, zum Beispiel. Diese Frage ist eigentlich nicht dem Autor, sondern dem Kritiker zu stellen, der ja bekanntlich auf alles eine Antwort hat.   (26/76)

Schuld

Die Tragödie setzt Schuld, Not, Maß, Übersicht, Verantwortung voraus. In der Wurstelei unseres Jahrhunderts, in diesem Kehraus der weißen Rasse, gibt es keine Schuldigen und auch keine Verantwortlichen mehr. Alle können nichts dafür und haben es nicht gewollt. Es geht wirklich ohne jeden. Alles wird mitgerissen und bleibt in irgendeinem Rechen hängen. Wir sind zu kollektiv schuldig, zu kollektiv gebettet in die Sünden unserer Väter und Vorväter. Wir sind nur noch Kindeskinder. Das ist unser Pech, nicht unsere Schuld: Schuld gibt es nur noch als persönliche Leistung, als religiöse Tat. Uns kommt nur noch die Komödie bei.   (32/62)

Schule

Das Kindergefängnis, das wir Schule nennen, angeblich eingerichtet, um den Kindern jene Bildung beizubringen, die sie nach der Einbildung der Erwachsenen haben sollten, um durch das Leben zu kommen, brachte, unterstützt von den Eltern und den Lehrern, auch mich nach und nach zur Strecke: Ich begann zu lesen. Was nicht selbstverständlich war. (28/39)

Selbstgespräch
(11. Dezember 1985)

Ich habe viele Namen. So viele, daß ich mich an keinen mehr erinnere, und weil man mir so viele Namen gab, glaubte man auch, ich sei tausendfach, millionenfach, wahrscheinlich noch mehr, ich habe mich um Zahlen nie interessiert, später hat man mich in eine Eins zusammengezogen, es ist auch leichter, mit einem zu rechnen als mit vielem; daß man eine komplizierte Theorie ausgedacht hat, diese Eins sei eigentlich drei, möchte ich nur erwähnen, ich habe sie nie verstanden. Ich sage ›man‹. Ich weiß nicht, was ich damit meine. Offenbar etwas außer mir. Etwas außer mir kann ich mir nicht vorstellen. Auch das Mich, das Meiner und das Ich nicht. Ich kann mich nicht vorstellen. Ich bin nicht vorstellbar, ich bin nur denkbar, und denkbar ist auch das Unsinnigste. Ich bin das Unsinnigste. Ein Unsinn. Ich bin nicht ich, und ich bin ich. Ich existiere, und ich existiere nicht. Ich bin ein Punkt, eine Gerade, eine Fläche, ein Kubus, eine Kugel, ein n-dimensionaler Körper und nichts von allem, Nichts. Ich bin sowohl allmächtig und machtlos als auch allwissend und nichtwissend, ich bin alles, was man von mir behauptet, weil es gleichgültig ist, was man von mir behauptet, so komme ich immer wieder auf das ›Man‹. Ich habe es einmal geschaffen, oder es war einmal Ich, irgendeinmal, vor dem Augenblick, der jetzt ist, ich weiß nicht, wie lange davor, vielleicht unmittelbar davor oder eben jetzt, in der Zeitlosigkeit spielt das keine Rolle. Vielleicht ist alles nur eine Idee von mir, ein Einfall, der mir kam, kommt oder kommen wird, egal, wann auch immer, einmal eingefallen, in der Vorvergangenheit, in der Vergangenheit, in der Gegenwart, in der Zukunft, in der Nachzukunft, hinter jeder Unendlichkeit, würde der Einfall ins Unermeßliche wachsen, wieder in sich zusammenstürzen und zu nichts werden: Das Endlose und das Nichts sind dasselbe, und so bin ich denn identisch mit dem, was ich geschaffen habe, schaffe oder schaffen werde oder nicht geschaffen habe, nicht schaffe oder nicht schaffen werde. Möglich, daß es in diesem realen oder imaginären Geschaffenen, in dieser ›Schöpfung‹, um pompös zu werden, etwas gibt, das denkt, das, weil das Ich, das ich mir aus Wortbequemlichkeit zulege, auch denkt, nur mit mir identisch sein könnte, möglich, daß dieses Denk-Ich, das ich selber bin, mich denkt, aus lauter Verzweiflung, nicht aus sich selber herauszukommen, oder aus dem Wahn heraus, für sich einen Sinn zu finden. Möglich, ich breche in ein Gelächter aus, in ein doppeltes Gelächter, ist es doch überaus komisch, sich etwas vorzustellen, das sich nicht vorstellen läßt, welches in ein Gelächter ausbricht, weil es sich etwas vorstellt, das in ein Gelächter ausbricht, so daß sich endlos ein Gelächter an ein Gelächter reiht. Aber vielleicht bin ich nur als etwas Komisches denkbar, als etwas Groteskes, als ein reiner Witz, als ein Witz an sich, als Pointe ohne Vorgeschichte, die sich abschließt, ohne an etwas angeschlossen zu sein, als ein Schluß ohne Prämisse, der sich ins Nichts des Gelächters auflöst. Vielleicht bin ich das Gelächter an sich, das Gelächter ohne Grund, bin ich doch ohne Grund und damit ohne Sinn, weil es sinnlos ist, hinter einem Grundlosen einen Sinn zu suchen. Dieses mögliche Denk-Ich aber – und was ist in dieser möglichen Schöpfung, sei sie nun real oder imaginär, nicht möglich – wird mich, welches es selber ist, lieben oder hassen müssen. Beides gleich unanständig. Wird es mich lieben, wird es sich aufopfern, weil man sich nur für etwas aufopfert, was man nicht begreift und dem man nur einen Sinn zu geben vermag, wenn man sich aufopfert. Wird es mich hassen, wird es sich verzehren, weil man sich nur eines Wesens wegen verzehrt, dem man nur einen Sinn zu geben vermag, wenn man es haßt, aber weil Liebe und Haß zu schwer sein werden, wird es nur von mir schwätzen, weil man nur von etwas zu schwätzen vermag, dessen Sinn gleichgültig ist. Nur die, welche von mir schwätzen, sind nicht unanständig. Ich bin eins mit dem Geschwätz über mich. Ich bin ein Geschwätz. Ich bin nur, insofern ich schwätze. Würde ich nicht schwätzen, nähme ich mich ernst; nähme ich mich ernst, müßte ich einen Sinn haben; hätte ich einen Sinn, müßte ich einen Grund haben. Das Grundlose hat keinen Sinn, immer wieder komme ich auf diesen Satz, in welchem, habe ich sie geschaffen, meine Schöpfung sich aufbläht und wieder in sich zusammenfällt, sinnlos wie ich, der sie schuf. Schuf ich sie, werde ich es nie wissen, weil im Sinnlosen die Erinnerung keinen Wert hat. Aber indem ich die Möglichkeit überdenke, daß ich etwas außer mir geschaffen haben, schaffen, schaffen werden könnte, eine Schöpfung, und weil in dieser Möglichkeit alle Möglichkeiten eingeschlossen wären, die vergangenen, seienden und zukünftigen, auch jene eines mit mir identischen Gedankens, so würde dieser Gedanke, unabhängig, wer der Träger dieses Gedankens ist, auch wenn mein Gelächter über ihn verklingt (wenn es überhaupt verklingen kann), nach dem Urheber seiner selber suchen, auch wenn er ohne Sinn auszukommen verstünde. Ohne Grund kommt er nicht aus. Er wird sich einbilden, in mir liege der Grund, und den Sinn seines Seins wisse nur ich. Da ich aber nicht bin, wird er mich erfinden müssen. Dieses Erfinden wird er Glauben nennen, und da sein Glauben keinen festen Gegenstand hat, wird er mich endlos erfinden, mit endlosen Namen bezeichnen, er wird mich tausendfach, millionenfach vorhanden glauben oder mich zusammenziehen, in drei, in eins, in eine Idee, in ein Prinzip, in nichts endlich, in den einzig wahren Glauben, daß ich nicht bin. Aber diesen Glauben, der den Glauben aufhebt, wird man nicht glauben, man wird wieder glauben, daß ich dennoch ein Prinzip bin, eine Idee, eine Eins, eine Drei, ein Vielfaches, Tausendfaches, Millionenfaches: Bin ich einmal gedacht, bin ich gedacht, nur wenn ich nicht mehr gedacht werde, bin ich, was ich bin: nichts.   (36/115)

Sprache

Der Schriftsteller verspürt, daß wir heute auf eine Wirklichkeit gestoßen sind, die jenseits der Sprache liegt, und dies nicht auf dem Wege der Mystik, sondern auf dem Wege der Wissenschaft. Er sieht die Sprache begrenzt, doch macht er bei dieser Feststellung oft einen logischen Fehler. Er sieht nicht, daß die Begrenzung etwas Natürliches ist – weil die Sprache nun einmal mit dem Bilde verhaftet sein muß, will sie Sprache bleiben –, sondern er versucht, sie über ihre Begrenzung zu erweitern oder sie gleichsam aufzulösen. Nun ist die Sprache etwas Unexaktes. Exaktheit bekommt sie nur durch den Inhalt, durch den präzisen Inhalt. Die Exaktheit, der Stil der Sprache wird durch den Grad der immanenten Logik ihres Inhalts bestimmt. Man kann nicht an der Sprache arbeiten, sondern nur am Gedanken, am Gedanken arbeitet man durch die Sprache.

Der heutige Schriftsteller arbeitet oft an der

Sprache. Er differenziert sie. Dadurch wird es im Grunde gleichgültig, was er schreibt. So schreibt er denn auch meistens über sich selber.   (32/66 f.)

Staat

Der Mensch ist offenbar ein Pechvogel, nicht weil er nicht fliegen könnte – das kann er ja inzwischen –, sondern weil er immer wieder vom Himmel verführt wird, mehr als ein Mensch sein zu wollen: etwas Absolutes. Kaum hatte zum Beispiel die römische Republik die alte Welt geordnet, verwandelte sie sich in ein Imperium und den Kaiser in einen Gott; die Menschen lassen sich zwar von Menschen regieren, aber wollen diese Menschen als Götter sehen. Das ist die erste Verführung des Menschen durch den Himmel.

Die zweite Verführung durch den Himmel ist ungleich delikater: Daß der römische Kaiser ein Gott sei, glaubte wahrscheinlich nicht einmal ein römischer Kaiser. Es war mehr eine juristische Notlösung, das Imperium irgendwie im Himmel zu verankern. Erst das Genie Konstantin der Große kam auf die Idee, es sei einleuchtender, Gottes Stellvertreter zu sein als Gott selber: Ein

Gott, der Blut vergießt, muß sich vor den Menschen rechtfertigen, vergießt man Blut im Namen Gottes, kann man sich mit Gott rechtfertigen. Man war auf die Verwendbarkeit des Himmels als Staatsideologie gekommen. Womit nichts gegen das Christentum gesagt sein soll, sondern alles gegen den christlichen Staat. Der hat mir nun doch zu schmutzige Finger. (33/26 f.)

Theater

Doch am liebsten sind mir die nichtsnutzigen Komödien

Meine Theatergruppe ist die beste und teuerste im Heiligen Römischen Reiche Deutscher Nation

Das Possenspiel unseres Lebens

Das mühsame Herumstolpern auf der Flucht vor der Wahrheit und auf der Suche nach ihr

Wird auf den Brettern leicht, ein Tanz, ein Gelächter, ein wohliger Schauer

Mitspieler in Wirklichkeit, verstrickt in Schuld, Mitwisser von Verbrechen

Brauchen wir die Täuschung loser Stunden, Zuschauer nur zu sein.   (10/23)

Urkomödie

Auf einem dieser Schlendergänge ereignete sich
etwas Lächerliches, nicht der Rede wert, eine
Clownszene, die ich bloß nicht vergessen habe,
weil ich selbst der Clown war, und weil kein stär-
kerer Eindruck bleibt als der, selbst etwas Lächerliches gewesen zu sein: Ich hatte auf der
Universität zu tun, an einem Nachmittag im
Spätherbst. Auf der Terrasse vor dem Casino sind
in mehreren Reihen Platanen gepflanzt, ein Gärtner war beschäftigt, die Äste zurückzustutzen,
er stand auf einer Leiter unmittelbar am Rande
der Terrasse gegen das Trottoir, ich betrachtete
ihn, als ich an ihm vorbeiging, und er betrachtete
mich, ich glitt aus, ein Hundedreck lag auf der
Straße, ich saß auf dem Hintern, glücklicherweise
unbeschmutzt, ich erhob mich, als ob nichts geschehen wäre, der Gärtner verzog keine Miene,
sah mir einfach zu, ich ging zur Universität, kam
nach anderthalb Stunden zurück, wieder stand
der Gärtner auf seiner Leiter, bloß an einem anderen ersten Baum einer anderen Reihe, wieder
betrachtete ich ihn, wieder betrachtete er mich,
wieder glitt ich aus, wieder auf dem gleichen
Hundedreck, wieder ohne mich zu beschmutzen,

wieder erhob ich mich, als ob nichts geschehen wäre, wieder verzog der Gärtner keine Miene, sah mir einfach zu, doch vergesse ich seinen Blick nicht mehr: Es lag ein unendliches Erstaunen darin, die überwältigende Erkenntnis, einem überirdischen Trottel begegnet zu sein, derart, daß es dem Gärtner die Sprache verschlug und nicht nur die Sprache, auch das Lachen, ja auch das Lächeln oder einen Ansatz dazu. Dem Mann auf der Leiter war der Mensch in seiner Lächerlichkeit an sich erschienen, als die Urkomödie, er hatte an mir, an meinem zweimaligen Hinfallen, an dieser Wiederholung des Lächerlichen etwas Metaphysisches erlebt, stellte ich mir blitzschnell vor, damals in diesen ersten Sekunden, stelle ich mir heute noch vor, gerade weil diese Wiederholung unfreiwillig geschah und nicht auf dem Kunstkniff eines Clowns beruhte, auf dem dramaturgischen Trick, das Komische mehrfach zu wiederholen. Indem ich dem Gärtner als das erschien, was ich war, erschien ich mir selber. Vielleicht wurde ich deshalb Komödienschreiber. Lappalien entscheiden, lächerliche Vorfälle bestimmen das Leben oft mehr als scheinbar wichtigere, ja tragischere. (29/115 ff.)

Bühne und Wirklichkeit

Die Dramatik ist ein Versuch, mit immer neuen Modellen eine Welt zu gestalten, die immer neue Modelle herausfordert.   (32/102)

Toleranz

Eine jede Konzeption hat ihre eigene Wahrheit, und eine jede Konzeption hat ihre Berechtigung innerhalb aller Konzeptionen, eine Überlegung, die, so selbstverständlich sie auch ist, uns mehr stört, als wir zugeben. Denn im Bereich des Denkens wollen wir recht haben, gerade hier; den Kampf verdrängen wir allzuleicht aus der Welt der ›Wirklichkeit‹ in die Welt der ›Gedanken‹. Die geistige Toleranz ist noch problematischer als der politische Friede, dessen Voraussetzung sie ist: sie kann nicht bedeuten, daß jede Konzeption gleich wahr ist, gibt es doch Konzeptionen, die nur einen Sinn haben, wenn jener, der sie konzipiert, sie auch als ›wahr‹ annimmt, während sich bei anderen Konzeptionen diese Frage nicht stellt. Die Toleranz kann in nichts anderem als in der Achtung vor den anderen Konzeptionen liegen, auch wenn man sie nicht teilt, ja als Irrtum ablehnt; die Toleranz ist nicht eine schöngeistige, sondern eine existentielle Forderung, die jeder zuerst an sich selbst stellen muß, will er sie an andere stellen; der Kampf mit uns selbst geht dem Kampf um den Frieden voraus. Es gibt Erkenntnisse, die deshalb spät kommen, weil sie Erlebnisse voraussetzen, denen wir im Erleben nicht gewachsen sind.   (35/144 f.)

Universität

Die Universität sollte nicht der Ort sein, wo Wissen gehortet, sondern der Ort, wo Wissen begriffen wird; Wissen aber, das begriffen wird, läßt sich auch erweitern, und indem es sich erweitert, stellt es dem Begreifen wieder neue Aufgaben. Jedes Wissen aber, das begriffen wird, stellt eine Schöpfung dar dessen, der da begreift und, bei aller Hochachtung der Traditionen, der Überlieferungen, der Konventionen, insofern primäre Kultur im Gegensatz zur sekundären nicht ein Besitz ist – und sei er auch ein solcher nur im Wissen, wie man vielleicht etwas machen könnte, ein Gedicht etwa, eine Sonate, ein Bild, eine philosophische Überlegung usw., und welches man nur nicht macht, weil man es nicht zu machen vermag; ein Wissen also, das ich nicht *gering*schätze, aber als etwas Nachträgliches auch nicht *über*schätze –, sondern, insofern Primärkultur vorerst etwas anderes ist, nicht ein Besitz, vielmehr ein Besitzergreifen, nicht ein Wissen, aber ein Wagen, nicht ein Nachträgliches, hingegen ein Vorangehendes, ein Begreifen durch das Machen eines Gedichtes, einer Sonate, eines Bildes, einer philosophischen Überlegung usw., ohne die Sicherheit des Gelingens, ja ohne vorheriges Wissen des Resultats; ist es so, dann wäre nicht im Wissen, sondern in der Methode des Begreifens eine Universität, die Begreifen lehrt, in die Kultur integriert, wie ich sie begreife, sei sie nun künstlerisch oder wissenschaftlich irgendwelcher Art, ja sogar geisteswissenschaftlich, in eine Kultur des Experiments, der Überprüfung des Wissens, der Kritik, der Denkmodelle, der Antiideologien, der fiktiven Netze, ausgeworfen, Vermutetes und Unvermutetes zu fangen, verbunden mit dem Instinkt freilich für die ganze Fragwürdigkeit einer auch so begriffenen Kultur, denn was immer für den Menschen eine Chance ist, vermag sein Unglück zu werden, nichts sichert die Menschheit ab.

Gewiß, eine Universität unter diesen Voraussetzungen liegt nicht durchaus im Interesse unserer Leistungsgesellschaft, Wissen läßt sich büffeln, Begreifen braucht Zeit, und wer der Jugend Zeit stiehlt, läßt sie nicht reifen, fleißig kann jeder sein, aber zur Produktivität braucht es eine gewisse Faulheit, ohne die sich die Gelehrten nicht zu sammeln vermögen, sie kommen allzu schnell als Frühgeburten zur Welt.   (34/157f.)

Was ich den fünf Jahren verdanke, die ich auf der Universität verbrachte, ist jener Schlendrian, der mich zum Schriftsteller machte, indem ich Muße hatte, Bücher wirklich zu lesen und mich bisweilen über sie zu ärgern, statt sie besprochen zu hören. Auch setzt jedes Begreifenwollen und Begreifensuchen jene Neugierde voraus, die auch vor dem Politischen nicht haltmacht, will man doch die Welt nicht stückweise begreifen, sondern als Ganzes. Eine entpolitisierte Universität ist ein Unding. Doch sollte sich gerade ihre Politik durch ein Durchdenken der Politik auszeichnen und nicht durch Hereinfallen ins Dogmatisch-Kultische, denn wer den Kopf brauchen will, darf ihn nicht verlieren.   (34/158)

Unrecht

Ich bin mit Sokrates der Meinung, die Größe eines Menschen liege darin, das Unrecht, das ihm widerfährt, ertragen zu können, es braucht jedoch soviel Größe dazu, daß ich es für meine persönliche Pflicht halte, alles zu versuchen, was einen Menschen hindert, in die Lage zu kommen, die Größe aufzubringen, ein solches Unrecht ertragen zu müssen. (33/95)

Welt

Die Welt kausal bestimmt, die Welt das Weltgericht, wer zweifelt an der Erhabenheit dieser Vision? Gibt es eine andere, die dieser gewachsen wäre? Vor der Welt als Paradies schrecken wir zurück, wir sehen eine Welt voller Schafe, satt, eine Herde, die weidet, äst, die kein anderes Interesse mehr zeigt; wir sehen uns selbst nicht in dieser Welt.

Wir malen uns eine lächerliche Welt aus, denken wir an den ewigen Frieden, eine vollkommene Wohlstandsgenossenschaft, weil wir ebensowenig aus dem Freund-Feind-Denken zu treten vermögen wie aus der Subjekt-Objekt-Beziehung. (35/148)

Weltuntergang

Zum Schluß droht immer noch der Untergang der Menschheit. Nicht mehr eine bloße Hypothese, technisch ist er möglich geworden. Für uns die schlimmste Wendung, aber für das Leben und für diesen Planeten die vielleicht beste.

Wir haben vielleicht doch zu viele Chancen vertan, um den Ablauf der Geschichte noch zum Vernünftigen hin zu wenden.

Die Saurier mußten nach sechzig Millionen Jahren Herrschaft abtreten, die zwei Millionen Jahre, die seit dem ersten Auftreten unserer Gattung vergangen sind, reichen möglicherweise schon. Ein kurzes Intermezzo, nicht einmal das: wir sprachen auf der Welt vor und fielen durch.

Doch wohin wir auch treiben, an ein Ufer, das uns rettet, oder dem Katarakt zu, der uns zerschmettert, so oder so, nach dem Ablauf aller Geschichte, dem natürlichen oder dem unnatürlichen, der Mensch wird etwas Einmaliges, Ungeheures und Wunderbares gewesen sein. (33/123 f.)

Die Zeit ist in eine Wirklichkeit getaucht, die sie mit Blindheit schlägt, denn die Distanz, die zwischen dem heiligen Seher und dem Bilde war, ist dahingeschwunden, und mit diesem unendlichen Verlust, nicht nur an Schönheit, sondern auch an Welt, die Möglichkeit, die Apokalypse ohne jene Verzerrung zu sehen, die sie heute durch die Gegenwart bekommt: die immer düsterer aufsteigenden Wolken der Katastrophen verbergen die Strahlen der Gnade, die immer noch nicht von uns genommen ist. Die wilden Bilder eines Dürer und eines Bosch sind Wirklichkeit geworden, die Wandteppiche von Angers ein verlorenes Paradies, in welchem dem Glauben, der Berge versetzt, möglich war, was uns jetzt, da wir es erleben, wie Hohn erscheint: die Welt auch noch im Untergang in jener Herrlichkeit zu sehen, in der sie erschaffen wurde, Anfang und Ende eine makellose Einheit, das Zusammenstürzen der Städte wie ein Spiel weißer Blüten im Wind, der Tod ein müheloses Hinübergleiten, blumenhaft selbst die Tiere des Bösen, eingehüllt

alles in die Lichtfülle des Gottes, dem die Welt
nur ein Schemel seiner Füße ist und dessen Kinder wir sind.   (32/150)

Zukunft

Die Zukunft der Menschheit liegt im Ungewissen, wir können immer noch den Augenblick festhalten. Der Friede wird hart sein, sei es nun der nach einem sinnlosen Krieg oder jener ohne diesen Umweg, denn Friede bedeutet Alltag, und das Alltägliche, das Gewöhnliche, das Langweilige wird immer mehr zunehmen. Unsere Intensität wird entscheiden, ob sich die Güter dieser Erde in unseren Händen zu Gold oder zu Staub verwandeln. Die Abenteuer der alten Art wird sich die Menschheit immer weniger leisten können, von den Fahrten auf den Mond wird sie enttäuscht heimkehren, es gilt die neuen Abenteuer zu finden, es sind dies jene des Geistes. Die Politik wird im günstigsten Falle sozial gesicherte Räume errichten, sie zu erhellen wird die Sache des Einzelnen sein, sonst wird die Erde zu einem Gefängnis.

Eine Organisation muß schematisieren, allein

der Einzelne ist imstande, einen Iwan wichtiger als die Sowjetunion zu nehmen und so die wahre Größenordnung wieder herzustellen. Von der Politik haben wir Vernunft, von den Einzelnen Liebe zu fordern. Es ist Sache der Politik, dafür zu sorgen, daß aus der Chance Einzelner die Chance der Einzelnen wird.   (34/18 f.)

Nachweis

Die Texte stammen aus der *Werkausgabe in 37 Bänden,*
Zürich 1998. Die erste Zahl in der Klammer am Schluß
jedes Textes bezeichnet den entsprechenden Band, die
zweite die Seite.

Die Werkausgabe umfaßt folgende Bände:

Inhalt